Am Nordstrand
Januskopf
Minigolf
Am Januskopf
Wetterwarte
Evangelische Genezarethkapelle
Seehospiz Rehabilitationsklinik
Benekestr.
Bürgermeister-Willi-Lührs-Str.
Tannenstraße
Nienburgstr.
Ellernstraße
Benekestraße
Am Kap
Kap
Wiedaschstraße
Schulzenstraße
Alten- und Pflegeheim Inselfrieden
Am Kap
Wasserturm
Maybachstr.
Friedhof
Mühlenstraße
Freiwillige Feuerwehr und DRK
Am Wasserturm
Jann-Berghaus-Straße
An der Schanze
Ellernstr.
Grundschule
Lucilusstr.
Jugendherberge
Schwanenteich
Gartenstraße
Kooperative Gesamtschule
Waldkirche
3
Ehrenmal
An der Mühle
Feldhausenstraße
Diakonie-Sozialstation
Napoleonschanze
Kurpark
Mühle Selden Rüst
Marienstraße
Neuer Kurpark
Agentur für Arbeit
Spielpark Kap Hoorn
Sportplatz
Mühlenstraße
Hafenstraße
Gondelteich
Tennisplatz
Habenpatt

NORDERNEY

DIE AUTORIN

Silke Klöckner, gebürtige Kölnerin, hat Bibliothekswesen studiert und arbeitet heute für eine kleine Verlagsgruppe in der Nähe von Köln. Norderney besuchte sie zum ersten Mal mit acht Jahren – und seitdem kommt sie gern immer wieder.

www.vistapoint.de

Inhalt

Chronik

Service von A bis Z

Zeichenerklärung

- **Top 10**
  Das müssen Sie gesehen haben
- **Mein Norderney**
  Lieblingsplätze der Autorin
- **Vista Point**
  Museen, Galerien, Architektur und andere Sehenswürdigkeiten
- **Kartensymbol:** Verweist auf das entsprechende Planquadrat der Karte bzw. der Detailpläne im Buch.

Willkommen auf Norderney

Oder einfach »He!«, wie die Insulaner sagen. Die mit 26 Quadratkilometern Gesamtfläche zweitgrößte der ostfriesischen Inseln ist gleichzeitig auch die abwechslungsreichste, was modernes Leben, gepflegte Bäderarchitektur und ursprüngliche Natur angeht. Kein Wunder also, dass sich in Deutschlands ältestem Nordseebad schon Kaiser und Könige wohlfühlten und heutzutage Ex-Bundespräsidenten und andere Promis hier Urlaub machen.

Zwar sind nur etwa 14 Prozent der Gesamtfläche der Insel bebaut – was dem Erholungswert sehr entgegenkommt –, dennoch bietet Norderney-Stadt eine recht vielseitige Shopping- und Gastronomieauswahl sowie verschiedenste kulturelle Einrichtungen und Veranstaltungen. (Beach-)Sport, Fun und Party, aber auch Lukullisches, Literarisches und Überaschendes kann man auf der Insel erleben. Auch Familien mit kleinen oder größeren Kindern brauchen keine Angst vor Langeweile zu haben.

Im Kontrast zu der quirligen Lebendigkeit der Stadt stehen Ruhe und Frieden der Natur, vor allem im Ostteil der Insel. Der größere Teil Norderneys gehört seit 1986 zum Nationalpark Niedersächsisches Wattenmeer und dieses seit 2009 zum UNESCO-Weltnaturerbe. Damit ist das Gebiet in besonderer Weise geschützt. Hier können Gäste Strand und Dünen, Wind und Wetter mit allen Sinnen genießen, den Kopf auslüften und die Seele baumeln lassen.

Der alte und – im besten Sinne – altmodische Bäder-Charakter der Insel hat sich bis heute erhalten, auch wenn man hin und wieder auf arge Bausünden der 1960er und 1970er Jahre stößt. Daneben präsentiert sich immer öfter das neue, moderne und stylische Norderney, das sich vor allem in der Einrichtung und im Angebot vieler Geschäfte, Cafés und Restaurants widerspiegelt. Das mit den Investitionen einhergehende höhere Preisniveau lässt allerdings eine voranschreitende »Versyltung« erkennen.

So gibt es für neue und wiederkehrende Besucherinnen und Besucher – viele Touristen sind Stammgäste – Altbewährtes und immer wieder Neues zu entdecken, das auf den Norderney-Geschmack bringt.

Luftaufnahme der Ostfriesischen Insel Norderney

Top 10: Das müssen Sie gesehen haben

1 Kurplatz
S. 8 ff., 35 ➡ aE2/3
Hier befindet sich mit dem Conversationshaus, dem bade:haus norderney und dem Musikpavillon der kulturelle und soziale Mittelpunkt der Insel. Historisches trifft auf Modernes.

2 bade:haus norderney
S. 10, 43, 63, 68 f.
➡ aE2
Auf 8000 Quadratmetern kann man es sich hier gut gehen lassen. In außergewöhnlichem Ambiente können die Gäste schwimmen, saunieren und allerlei Thalasso-Anwendungen genießen.

3 Waldkirche
S. 12, 31 ➡ aD4
Etwas Besonderes ist ein Freiluft-Gottesdienst in der Waldkirche an der Napoleonschanze. Im Schutz des Wäldchens wurde die Naturkirche schon 1912 eingerichtet.

4 Kirche Stella Maris
S. 13 f., 30 ➡ aC2
Dieser wegen seiner klaren Formensprache noch heute moderne Kirchenbau von Dominikus Böhm gehört sicher zu den architektonischen Highlights der Insel.

5 Milchbar
S. 16, 49 f. ➡ aD1
Ein wunderbarer Platz direkt am Meer. Hier findet im Sommer Abend für Abend eine regelrechte Sundown-Party statt. Mit dem passenden Getränk in der Hand lässt sich der Abend gut einläuten.

6 Wattwanderung
S. 20, 65, 72, 90
➡ aG6
Bei geführten Wattwanderungen, die von speziell geschulten Wattführerinnen und -führern

angeboten werden, erfährt man viel Interessantes über die erstaunliche Artenvielfalt dieses ungewöhnlichen Lebensraums.

7 Wanderung zum Ostende der Insel
S. 21 ff., 65 ➡ F1–F12
Natur pur kann man bei einer Wanderung entlang des Strandwegs zum östlichen Inselende erleben.

8 Leuchtturm
S. 23, 36 ➡ C10
Das Erklimmen der 254 Stufen wird mit einem grandiosen Blick über die Insel und das Weltnaturerbe Wattenmeer belohnt. Besonders bei sternenklarem Himmel lohnt auch ein romantischer Ausflug am Abend.

9 Weisse Düne
S. 23, 50 ➡ A8
Egal bei welchem Wetter, hier sitzt man immer nett. Entweder

draußen im Strandkorb am schönen Oststrand oder in der Kaminlounge des liebevoll eingerichteten Strandrestaurants.

10 **bade~museum**
S. 26 ➡ aF2
Unterhaltsam und lehrreich ist ein Besuch im bade~museum, in dem sich alles um die Reise- und Badekultur der letzten zwei Jahrhunderte dreht.

Mein Norderney
Lieblingsplätze der Autorin

Liebe Leserinnen und Leser,

von vielen besonderen Plätzen auf Norderney sind mir die folgenden die liebsten. Fast alle natürlich, wie könnte es anders sein, eng verbunden mit den Geräuschen und den Gerüchen der Nordsee sowie ihrem meditativen Anblick. Eine schöne Zeit auf der Insel wünscht Ihnen

Silke Klöckner

Überfahrt nach Norderney
S. 80 f. ➡ aG6
Sie gehört für mich immer zu den schönsten Momenten des Urlaubs. Man hat die ganze Urlaubszeit noch vor sich, riecht die Nordsee und fühlt den Wind. Wenn dann die kleine Insel am Horizont auftaucht, ist die Vorfreude groß!

Bibliothek im Conversationshaus
S. 10, 31 f., 55, 64
➡ aE2/3
In den wunderschönen historischen Räumen finden sich ruhige Plätzchen zum Lesen.

Marienhöhe
S. 16, 51 ➡ aD1
Dieses Café erinnert mich an erste Inselaufenthalte als Kind. Ein Kännchen Ostfriesentee pro Norderney-Urlaub muss noch heute sein. Aber auch die Kuchenauswahl ist verführerisch.

Der Seeblick ist wunderschön und bei gutem Wetter kann man unter einem der weißen Sonnenschirme sitzen und die Nordseeluft genießen. Seit 2016 erstrahlt die Marienhöhe wieder in neuem alten Glanz.

Fahrt zu den Seehundbänken
S. 64 ➡ aG6
Ein schönes Erlebnis; man erfährt aus kundigem Mund Interessantes über die possierlichen Tiere und ihren Lebensraum.

Strandsauna
S. 74 ➡ A11
Schwitzen mit Panoramablick aufs Meer und dann aufgeheizt in die erfrischenden Wellen der Nordsee hüpfen. Das ist schon ein besonderes Naturerlebnis.

Ein Spaziergang durch das Nordseebad

Kurplatz – Kurtheater – Napoleonschanze – Jann-Berghaus-Straße – Seilerstraße – Kirche Stella Maris in der Goebenstraße – Knyphausenstraße – Kaiser-Wilhelm-Denkmal – Friedrichstraße – Poststraße – Inselkirche – Strandstraße – Marienhöhe oder Milchbar (ca. 70 Minuten ohne Besichtigungen und Pausen).

Als Ausgangspunkt des Spaziergangs bietet sich der ❶ **Kurplatz** ➡ aE2/3 an. Hier fühlt man sich ein wenig in alte kaiserliche Zeiten zurückversetzt und man kann sich gut vorstellen, wie die Damen und Herren um 1900 auf dem damaligen Marktplatz lustwandelten und einem der seinerzeit dreimal täglich stattfindenden Kurkonzerte lauschten. Zwischenzeitlich stand hier die **neybox** der Insel, ein alter Badekarren, in dem Urlauber und Insulaner Grüße und Liebeserklärungen an Norderney mit einer Videokamera aufnehmen konnten. Die nettesten und lustigsten Filmchen wurden auf www.youtube.com veröffentlicht. Der ca. vier Meter hohe Pfeiler vor dem Conversationshaus ist mit zwölf Wegweisern bestückt, die in die Richtung weiterer UNESCO-Naturerbe-

Der historische Kurplatz mit Conversationshaus und Musikpavillon

stätten weisen. Hier sieht man, dass z. B. die Entfernung von Norderney und dem Wattenmeer bis zum einzigartigen Taucherparadies Great Barrier Reef fast 15 000 Kilometer beträgt.

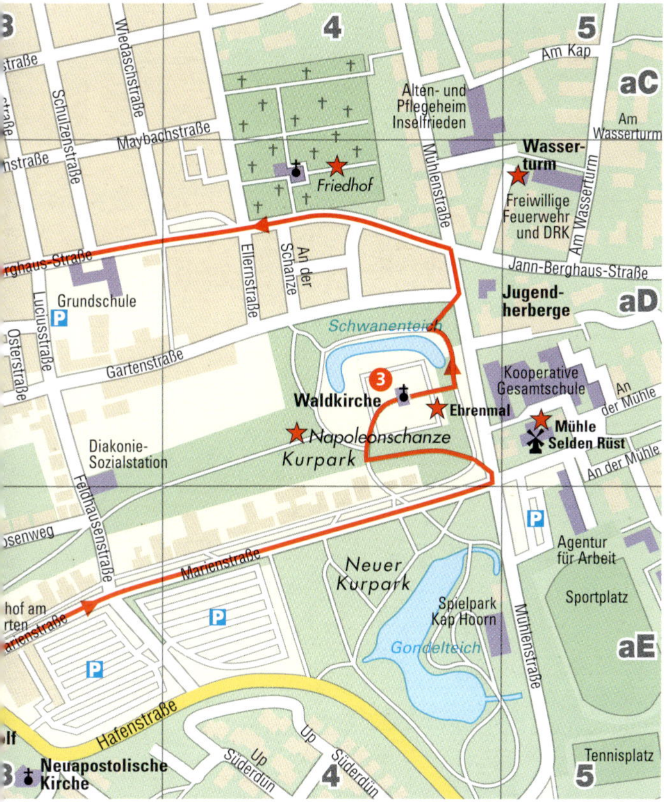

Norderneys Ausrufer – er weiß Bescheid und gibt gerne Auskunft

Das alte Kurhaus, heute wieder **Conversationshaus** ➡ aE2/3, bildet am Kopf des Platzes einen architektonischen, aber auch sozialen Mittelpunkt des Ortes. Einen Vorgängerbau dieses Namens gab es schon zu Beginn des 19. Jahrhunderts. 2007/08 wurde das Haus aufwendig restauriert und beherbergt nun die Tourist Information, die wunderschöne **Öffentliche Bibliothek** mit einem hochherrschaftlich anmutenden Lesesaal und ein einladendes Café, das Kurpalais, mehrere Veranstaltungsräume sowie ein stilvolles Lädchen, in dem man schöne Mitbringsel erstehen kann. Es handelt sich um einen der herausragenden Profanbauten der deutschen Bäderarchitektur.

Auch die Grünfläche auf dem Kurplatz wurde umgestaltet und entspricht heute mit den sich kreuzenden Wegen wieder eher der Gestaltung des 19. Jahrhunderts. Der Rasen darf betreten werden und wird bei den verschiedenen Veranstaltungen – wie dem mehrtägigen Weinfest oder wunderbaren Klassik-Konzerten – zum Festplatz.

Einen ausgiebigen Extra-Besuch ist in jedem Fall das 2 **bade:haus norderney** ➡ aE2 wert, z.B. zur Saunanacht »Meeresleuchten« jeden zweiten Freitag im Monat.

Der **Musikpavillon** bzw. die **Konzertmuschel** ➡ aE2 ist ebenfalls vor einiger Zeit erneuert worden. Viele Jahre spielten hier regelmäßig die Warschauer Symphoniker, inzwischen hat sich der Schwerpunkt der zahlreichen Musikveranstaltungen verschoben.

Überquert man hinter dem Pavillon die Bülowallee und hält sich links, gelangt man zum spätklassizistischen Bau des **Kurtheaters** ➡ aD/aE3. Zur Saison 1894 eröffnet, stellte es damals neben den mehrmals täglich stattfindenden Kurkonzerten eine weitere kulturelle Attraktion dar. Schon seit 1923 werden hier auch Kinofilme gezeigt; heute kann man neben Kleinkunst-Aufführungen vor allem aktuelle Filme sehen. Auch als Veranstaltungsort des Internationalen Filmfestes Emden-Norderney hat sich das Theater einen Namen gemacht. Ein Besuch des wunderschönen, rot-plüschigen Filmtheaters lohnt sich in jedem Fall. Seit 1987 steht das Gebäude unter Denkmalschutz.

Vor dem Theater wurde zu Ehren des berühmten Inselgastes das **Heinrich-Heine-Denkmal** ➡ aE3 aufgestellt. Heinrich Heine kam zum ersten Mal im Jahr 1825 nach Norderney. Zwei weitere Aufenthalte folgten 1826 und 1827, obwohl ihm die Insulaner und ihr Tee, der sich im Geschmack seines Erachtens »von gekochtem Seewasser nur durch den Namen unterscheidet«, nicht besonders gefielen. Besonders die Frauen genügten seinen Vorstellungen nicht. »Die Tugend der Jungfrauen auf Norderney wird durch ihre Häßlichkeit und gar besonders durch ihren Fischgeruch, der mir unerträglich war, vorderhand geschützt.«

Heine verarbeitete seine Impressionen von verschiedenen Nordseebesuchen literarisch unter anderem in dem Gedichte-Zyklus »Die Nordsee«.

Das 1930 vom Bildhauer Arno Breker entworfene Denkmal wurde 1983 an dieser Stelle aufgestellt – trotz heftiger Proteste der Insulaner, sowie u. a. der Akademie der Künste. Breker, dessen Kunst aufgrund seiner Rolle im Dritten Reich sehr umstritten ist, erhielt für seine Arbeit den zweiten Preis eines von der Stadt Düsseldorf ausgeschriebenen Wettbewerbes, aber Düsseldorf wollte es nicht haben. Die Gesellschaft Heinrich-Heine-Denkmal e. V. schenkte es 1983 der Stadt Norderney. Und die Stadtverwaltung nahm es getreu dem Motto »Einem geschenkten Gaul ...« dankend an.

Zurück auf der Bülowallee, wo die Gelegenheit günstig ist, sich ein leckeres Frieseneis auf die Hand mitzunehmen, folgt man der Marienstraße, benannt nach Königin Marie von Hannover, oder einem der Wege durch das Kurparkwäldchen zur **Napoleonschanze**. Am Haus der Marienstraße 3, erinnert eine Gedenktafel daran, dass **Theodor Fontane** diesen Ort zweimal besuchte und, wie man in seinen Briefen nachlesen kann, auch mochte. In der Marienstraße 5 wohnte 1853 Fürst von Bismarck, der damals Preußischer Gesandter der Frankfurter Bundesversammlung war.

Nur wenige Meter weiter, in der Marienstraße 24, kann man die einzige **Mühle** ➡ aD5 – ein Galeriehollánder – auf den ostfriesischen

Meergruß

Thalatta! Thalatta!
Sei mir gegrüßt, du ewiges Meer!
Sei mir gegrüßt zehntausendmal,
Aus jauchzendem Herzen,
Wie einst dich begrüßten
Zehntausend Griechenherzen,
Unglückbekämpfende, heimatverlangende,
Weltberühmte Griechenherzen.
Es wogten die Fluten,
Sie wogten und brausten,
Die Sonne goß eilig herunter
Die spielenden Rosenlichter,
Die aufgescheuchten Möwenzüge
Flatterten fort, lautschreiend,
Es stampften die Rosse, es klirrten die Schilde,
Und weithin erscholl es wie Siegesruf:
Thalatta! Thalatta! .....
(aus Heinrich Heine: »Die Nordsee«, 2. Zyklus)

Heinrich-Heine-Denkmal vor dem Kurtheater

In der Mühlensprache bezeichnet die Flügelstellung der Norderneyer Mühle den »Feierabend«

Die Flügelsignale der norddeutschen Windmühlen

Die Stellung der Mühlenflügel übernahm in Norddeutschland und den Niederlanden früher die Funktion einer weithin sichtbaren und einfach zu handhabenden Nachrichtenübermittlung. So wurden z. B. freudige und traurige Ereignisse mit unterschiedlichen Flügelstellungen angezeigt. Wenn die Mühle eine längere Pause, ob freiwillig oder unfreiwillig, einlegte, wurde dies mit der senkrechten Stellung der Flügel für alle sichtbar gemacht. Allerdings waren die Bedeutungen regional recht unterschiedlich.

Inseln bewundern. Die Stellung des oberen Teils wird mithilfe eines Windrades immer in Richtung des Windes ausgerichtet.

Hinter den Häusern der Marienstraße befinden sich in den Ausläufern des Kurparks die Reste einer Schanzenanlage. Zur Zeit der französischen Besatzung 1811/12 wurde Norderney von 300 französischen Soldaten, die kurzerhand im Kurhaus einquartiert wurden, kontrolliert. Um dem Handel der Einheimischen mit Schmuggelwaren ein Ende zu setzen, wurde die **Napoleonschanze** ➡ aD4 errichtet. Die Einwohner Norderneys wurden zu deren Bau verpflichtet. Auf der Ostseite befand sich eine Zugbrücke, die den einzigen Zugang zur Schanzenanlage darstellte. Vier Kanonen und eine permanente Bewachung mit 200 Soldaten sorgten dafür, dass das Schmuggeln fast komplett eingedämmt wurde.

Ein Jahrhundert später wurde die Schanze zur Freizeitanlage umfunktioniert. Seit 1912 finden hier in der ③ **Waldkirche** ➡ aD4 im Sommer ökumenische Open-Air-Gottesdienste statt, oft sogar mit Posaunenchor. Etwas Besonderes war bis 2015 der Gottesdienst für Mensch und Tier, der hier seit 1993 jährlich gehalten und vor allem von Kindern mit ihren Haustieren (vom Kaninchen bis zum Pferd) gern besucht wurde.

Das **Ehrenmal** an der Napoleonschanze wurde vom Berliner Bildhauer Prof. Hosaeus gestaltet. Es erinnert mit seiner Inschrift (»Euch Allen Dank – Ob Ihr In Heimaterde Ruht, Ob Euch zum Letzten Schlummer Wiegte Meeresflut, Ob Fern Ihr Schlaft In Fremdem Land, Dies Eiland Denkt An Euch Solange Es Steht, Und Seewind Über Seine Dünen Weht – 1914–1918«) seit 1929 an die Gefallenen des Ersten Weltkrieges.

Den Schwanenteich links liegen lassend, verlässt man den Park wieder und kommt an die Kreuzung, an der die Mühlenstraße auf die Jann-Berghaus-Straße trifft. Die in dem ersten Teil eher ruhige Wohnstraße wird in ihrem Verlauf zu einer der lebendigsten und buntesten Einkaufsstraßen Norderneys. Doch zunächst sieht man auf der rechten Seite den **Norderneyer Friedhof** ➡ aC/aD4 mit moderner Kapelle. Die meisten Nordeneyer finden hier ihre letzte Ruhe. Direkt am Eingang kann man einen Gedenkstein auf dem Familiengrab von Inselmaler **Poppe Folkerts** (1875 auf Norderney geboren und 1949 auf der Insel verstorben) besuchen. Bestattet wurde er allerdings kurz nach seinem Tod unter großer Anteilnahme der Insulaner auf See. Eine Fördergemeinschaft der Norderneyer Bürger versucht seit geraumer Zeit, den Werken dieses Norderneyer Künstlers Raum in einem eigenen Museum zu schaffen. Vor der Einrichtung des zentralen Friedhofs (1876) wurden die Insulaner auf dem Alten Norderneyer Kirchhof neben der Inselkirche begraben. Dort kann man auch das ein oder andere Grabdenkmal aus dem 19. Jahrhundert finden.

Auf dem weiteren Weg entlang der Jann-Berghaus-Straße herrscht allmählich immer mehr Treiben. Vorbei gehts am historischen Gebäude der Grundschule, in der knapp 160 Norderneyer Kinder in zwölf Klassen unterrichtet werden. Gegenüber, vor dem Pflanzenhof Boekhoff findet man samstags vormittags von 8 bis 13 Uhr ein großes Angebot an frischem Obst und Gemüse der Saison.

Bald reiht sich Geschäft an Restaurant an Café. Die Seitenstraße **Seilerstraße** ➡ aD3 ist einen Schlenker wert, da hier die ursprüngliche Inselarchitektur noch gut zu erkennen ist. Biegt man nun rechts und sofort wieder links ab, landet man in der Goebenstraße. Dort steht die größte katholische Kirche in Ostfriesland ④ **Stella Maris** (Stern des Meeres) ➡ aC2, 1931 erbaut von dem Architekten Professor Domenikus Böhm, der erste in einer Familie großer Kirchenbaumeister aus Köln. Sowohl Sohn Gottfried als auch Enkel Paul Böhm haben bemerkens-

Tierfriedhof in den Dünen

Neben den Friedhöfen für Menschen gibt es auf der Insel auch einen für Tiere. Ursprünglich handelte es sich um einen »Peerkarkhoff«, einen Pferdefriedhof, da es auf Norderney keine Abdeckerei gab. Später wurden dort auch von der See angeschwemmte große Tierkadaver vergraben. Ein Wal soll auch dabei gewesen sein. Seit 1987 dient er vor allem als Hundefriedhof. Hier liegen aber auch die Überreste von anderen geliebten Haustieren der Insel. Dies ist zwar nicht offiziell erlaubt, wird aber geduldet. So bleibt der sympathisch-anarchische Charakter der »Hundedüne« erhalten. Auf den liebevollen, meist selbst gestalteten Holzkreuzen und Grabsteinen stehen die Namen der Tiere, ihre Lebensdaten, oft auch noch ein wehmütiger, trauriger oder dankbarer Spruch, manchmal ein Bild. Ein kurzer Halt lohnt, wenn man vorbeifährt – die Friedhofsdüne liegt am Karl-Rieger-Weg zwischen Lippestraße und Kreuzung Weiße Düne/Am Dünensender ➡ B6.

werte Gotteshäuser errichtet. Ein Blick in die klassisch-moderne, sehr lichte Kirche ist lohnenswert. Mit 500 Sitzplätzen diente sie von Anfang an vor allem den Norderney-Besuchern und den zur Erholung auf die Insel geschickten Kindern als Sommerkirche. Das Bild von Richard Seewald im Innern greift das maritime Thema der Architektur auf (Führungen und Veranstaltungen siehe Aushänge vor der Kirche).

Zurück geht es zur Knyphausenstraße, die bald zur Friedrichstraße wird. Dort warten wieder verschiedene Shopping- und Einkehrmöglichkeiten. An der Einmündung Herrenpfad ragt das nicht zu übersehende **Kaiser-Wilhelm-Denkmal** ➡ aD2 13 Meter hoch in den Himmel. Eingeweiht 1899, wurde es zur Erinnerung an die Reichsgründung 1871 aus Steinen, die aus 75 deutschen Städten und Provinzen herbeigeschafft wurden, zum Obelisken zusammengefügt. Auf 61 Steinen findet man die Namen der Stifter, meist Städte. Für die Region wichtig oder charakteristisch sollten diese Steine sein, unter anderem stammen sie aus der Kölner Stadtmauer. Symbolträchtig sind auch die Steine aus Aachen und vom Frankfurter Römer, der Krönungs- und Wahlorte Deutscher Kaiser und Könige. Der mit sechs Tonnen Gewicht schwerste Stein stammt aus der damaligen Reichshauptstadt Berlin. Die ursprüngliche Bronzebüste des Kaisers wurde im Ersten Weltkrieg in der Metallmobilmachungsstelle Hamburg eingeschmolzen und 1938 durch die jetzige Möwe ersetzt. Die Norderneyer fanden sie passender für ihre Insel. Der Stein aus Lüdinghausen wurde erst 1956 eingefügt.

Direkt nebenan steht die zweite katholische Kirche der Insel: **St. Ludgerus** ➡ aD2. Sie wurde 1884 eingeweiht und komplett renoviert und neu gestaltet (Führungen siehe Aushänge). Auch hier lohnt ein Blick ins Innere, das formal einfach und zurückhaltend, aber dennoch einladend wirkt. Altar und Taufstein stammen vom Bildhauer Arne-Bernd Rhaue aus Köln. Gegenüber findet sich das Landhuis am Denkmal, ein typisches Logierhaus von 1885, heute Restaurant und Hotel.

In ihrem weiteren Verlauf lädt die Friedrichstraße zum Bummeln und Shoppen ein. Folgt man anschließend der Poststraße mit der ehemaligen kaiserlichen Post (erbaut 1892) bis zur Kirchstraße, stößt man auf die **Kur-Apotheke** ➡ aD2. Sie war die erste ständige Apotheke der Insel und schon Theodor Fontane besorgte sich hier Anfang der 1880er-Jahre seine Medizin.

Der Blick fällt als nächstes auf die evangelisch-lutherische **Inselkirche** ➡ aD2 mit dem **Martin-Luther-Haus** und dem Alten Kirchhof. Erbaut 1878/79 im neugotischen Stil, wurde sie am Tag der Goldenen Hoch-

Denkmalgeschützt: die alten Kapitänshäuser in der Seilerstraße

Erbaut 1892: die ehemalige kaiserliche Post

zeit von Kaiser Wilhelm I. und seiner Frau Augusta eingeweiht. Auch hier lohnt ein kurzer Blick in den Innenraum, der ursprünglich auch als Schutzraum vor Sturmfluten und Seeräubern diente. Auffallend sind die beiden von der Decke hängenden Votivschiffe. Deren Stiftung war in Ostfriesland seit dem zwölften Jahrhundert durchaus üblich, meist zum Dank für eine unversehrte Heimkehr. Seit Martin Luthers 400. Geburtstag im November 1883 steht auf der Seite zur Kirchstraße

Fontane und der Apotheker Ommen: Vorlage für Effi Briest

Fontane, stets etwas geknickt – wie aus den Briefen an seine Frau Emilie hervorgeht –, weil ihn trotz diverser Veröffentlichungen kaum jemand zu kennen schien, fand im Apotheker Ommen von der Inselapotheke in der Kirchstraße »einen stattlichen Friesen von Bildung, Manieren und Distinktion. Eine Inselgröße.« Er huldigte dem Apotheker in höchsten Tönen, weil diesem der Name Fontane offenbar ein Begriff war, was dem Namensinhaber ungemein schmeichelte. Ein Gerücht besagt, dass die Apothekergestalt Alonso Gieshübler in Fontanes Roman Effi Briest erkennbare Züge des Apothekers Ommen trage. Hatte Fontane noch wenige Tage vor seiner Begegnung mit dem Apotheker an seine Frau geschrieben: »Und wenn ich Norderney umgestülpt hätte, von mir wäre nichts herausgefallen«, was heißen sollte, dass er trotz mehrerer Aufenthalte auf der Insel ein Unbekannter geblieben war, so war er nach der Begegnung mit Apotheker Ommen versöhnt und schwärmte in höchsten Tönen von Norderney: »Norderney, um dir's offen zu gestehen, gehört zu meinen angenehmen Erinnerungen.«

Titel der Erstausgabe von Fontanes »Effi Briest« (1896)

Die evangelisch-lutherische Inselkirche mit dem Alten Kirchhof

ein Luther-Denkmal des Oldenburger Steinmetzes Bernhard Högl vor der Kirche.

Nun gibt es die Möglichkeit der Kirchstraße bis zum Damenpfad zu folgen und den Stadtspaziergang je nach Geschmack und Tageszeit ausklingen zu lassen. Zum Beispiel in der sehr traditionsbewussten, wiederbelebten **Marienhöhe** ➡ aD1. Diese Aussichtsdüne soll Mitte der 1820er-Jahre Heinrich Heines Lieblingsplatz gewesen sein. Auch Königin Marie von Hannover war 25 Jahre später angetan und ließ sogleich einen – damals noch hölzernen – Pavillon errichten. Bei einem Ostfriesentee – bloß die richtige Reihenfolge einhalten: erst den Kluntje, den Kandiszucker, dann die Sahne und nicht umrühren! – kann man sich eines der leckeren Kuchenstückchen gönnen.

Oder man läuft ein wenig weiter, quasi zum Kontrapunkt, der 5 **Milchbar** ➡ aD1. Ganz anders, aber genauso charmant. 2006 im sogenannten neuen Stil der Insel komplett umgebaut und modernisiert, kann man hier neudeutsch chillen und ganz relaxed einen *Sundowner*, ein schickes, buntes Getränk, zu sich nehmen. Auch die Küche, das Markenzeichen ist der Milchreis, ist nicht zu verachten. Für welches Lokal man sich auch entscheidet, in beiden Fällen bietet sich ein wunderbarer Blick aufs Meer und beim richtigen Wetter ein spektakulärer Sonnenuntergang.

Schlitzohr

In früheren Zeiten trugen Seeleute einen goldenen Ohrring, eine sogenannte Creole, in die ihr Monogramm oder Name eingraviert war. Dies diente einerseits der Identifizierung eines eventuell angeschwemmten Leichnams, andererseits verpflichtete sie den Finder für ein christliches Begräbnis zu sorgen. Sozusagen als Dankeschön und finanzielle Wiedergutmachung durfte er die Goldcreole behalten. Wenn jemand erwischt wurde, der sich den Ohrring einfach nahm ohne die Beerdigung zu organisieren, riss man demjenigen zur Strafe die Fischercreole aus dem Ohr ohne sie zu öffnen. Dadurch wurde er zu einem Schlitzohr im wahrsten Sinne des Wortes.

Zwischen den beiden Lokalen erstreckte sich um die vorletzte Jahrhundertwende das sogenannte Zeitungsviertel mit dem Seesteg. Es bestand aus der heutigen Milchbar, die ursprünglich Lesehalle des Berliner Scherl Verlages war, und dem Gebäude des Berliner Ullstein Verlages sowie einer Buchhandlung und einer Leihbibliothek am Weg zur Promenade. Direkt davor befand sich der 1895 erbaute Seesteg. Er führte auf einer schmiede- und gusseisernen Konstruktion fast 200 Meter weit ins Meer zu einem Quersteg, der 90 Meter lang und sechs Meter breit war. Es gab drei Plattformen von 16 Metern Seitenlänge. Der Steg fasste mehr als 1000 Personen, die hier gleichzeitig über dem Meer lustwandeln und luftkuren konnten.

Martin-Luther-Denkmal vor der Inselkirche

Das heutige Designhotel **Seesteg** ➡ aD1 wurde in dem kernsanierten historischen Gebäude, das damals als Winterlagerhalle für die Strandkörbe, Stühle u.ä. vom Seesteg fungierte, errichtet.

Die Alternative zum direkten Weg entlang der Kirchstraße zum Damenpfad wäre die parallel verlaufende Strandstraße. Sollte das Shoppingbedürfnis noch nicht vollständig befriedigt worden sein, ist diese Straße eine gute Option für das letzte Stück des Weges. Hier finden sich noch inhabergeführte Läden, wie das wunderbar bunte Süßwarengeschäft »Norderneyer Zuckerhuus« und das einzige Hut- und Mützenfachgeschäft auf einer ostfriesischen Insel »Mützen Medebach«, außerdem nette kleine Lädchen mit »dit un dat« sowie trendige Boutiquen, teilweise der durchaus gehobenen Preisklasse zugehörig.

Auf dem Damenpfad angelangt, kommt man von dort mit dem Bus L1, dem NorderneyCard-Bus oder zu Fuß wieder zum Kurplatz oder nach Hause. ■

»The place to be«: Sundown-Party vor der Milchbar direkt an der Strandpromenade

Ein kleiner Hafenspaziergang

Der **Hafen** ➡ aE–aG6/7 ist mit einem Strandspaziergang erreichbar, mit dem Fahrrad und natürlich per Bus und Auto. Er ist gleichzeitig Fischerei-, Yacht- und Fährhafen und verfügt über knapp 250 Liegeplätze.

Die erste eiserne Landungsbrücke wurde 1871 zur Erleichterung der Personen- und Frachtschifffahrt errichtet. Bis 1890 wurden die Hafenanlagen weiter ausgebaut und das aufwendige Übersetzen der Badegäste vom Fährschiff bis an Land mit Pferdewagen oder Boot entfiel.

Vom Weststrand der Insel kommend liegt kurz vor der Anlegestelle der Fähren die Laderampe des Güterfähranleger, an der Güterfähren wie die Frisia VII, Frisia VIII und die Störtebeker sowie weitere Schiffe der Reederei Frisia, die die Ver- und Entsorgungsfahrten zwischen **Norddeich-Mole** und Norderney übernehmen, festmachen können. Von hier wird auch der Müll aus der Müllumschlagsanlage

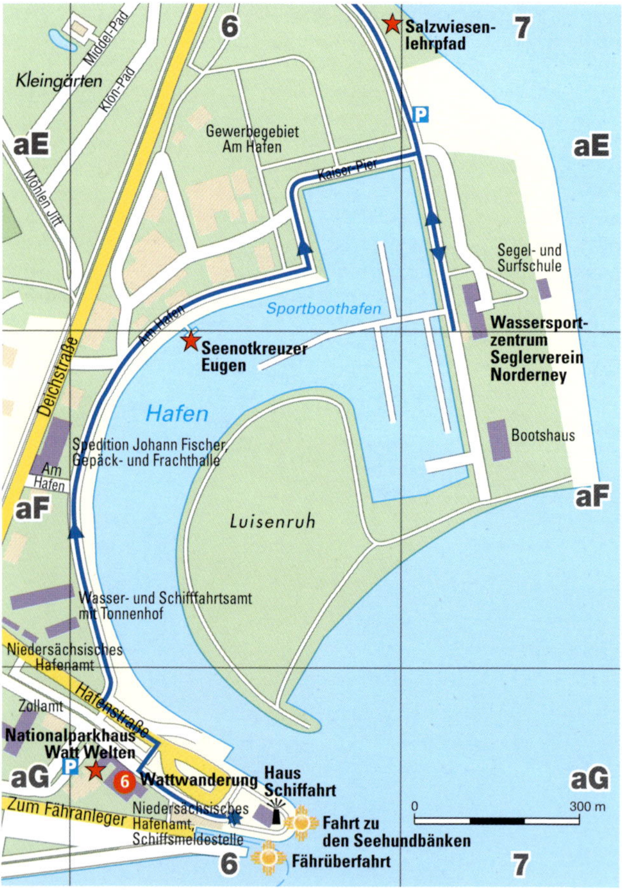

Yachthafen Norderney

der Insel zum Festland abtransportiert, wo er dann weiter verwertet wird. Überhaupt spielt die Reederei Frisia AG die führende Rolle im Hafen. Sie bewältigt heutzutage während der sommerlichen Hochsaison mit einer Flotte von insgesamt sieben Fähren täglich bis zu 30 Überfahrten von Norddeich nach Norderney. Insgesamt werden so jährlich über drei Millionen Gäste auf die Insel gebracht. Möglich ist das nur, weil der Norderney-Fahrplan – im Gegensatz zur Überfahrt nach Juist – gezeitenunabhängig ist. Bis 1872 wurde die Überfahrt nur mit Segelbooten bewältigt. Dann übernahm das erste Dampfschiff die Route Norddeich-Norderney. Die Stadt Norden, wie das Schiff hieß, strandete übrigens 1915 mit einer Ladung Mehl am **Nordstrand** der Insel.

Im Jahr 2017 wurde das neue Hafenterminal eröffnet, das auf zwei Ebenen die beiden alten Anlegestellen der Reederei durch ein technisch und optisch modernes Gebäude miteinander verbindet. Für die Saison 2024 ist der Start der neuen Reederei »Meine Fähre« mit zwei Fähren angekündigt – eine Personen-Hybridfähre mit Solarpanels und eine Autofähre. Das Restaurant »180°« im Obergeschoss des Terminals lockt mit einem grandiosen Panoramablick auf den Hafen.

Einen Besuch, besonders mit Kindern, lohnt das **Nationalparkhaus Watt Welten** ➡ aG6 direkt in der Nähe des Abfertigungsgebäudes. Schon aus der Ferne sichtbar: der große Metallvogel, eine Kornwehe – Symbol für das Wattenmeer, auf dem Dach des Neubaus. Dessen ungewöhnliche Fassade erinnert an die Struktur des Wattbodens. Hier erfährt man eine Menge Interessantes und Wissenswertes über den artenreichen **Nationalpark Wattenmeer** (eingerichtet 1986), der seit 2009 zum UNESCO-Weltnaturerbe zählt. Ein Gebiet, das sich über 10 000 Quadrat-

Wattwanderungen sollten niemals auf eigene Faust, sondern nur unter Anleitung kompetenter Wattführer unternommen werden

kilometer von Sylt nach Texel zieht und damit weltweit das größte seiner Art ist. Die Einrichtung des Naturparks und erst recht die Anerkennung zum Weltnaturerbe durch die UNESCO verpflichtet die Anrainerstaaten Dänemark, Deutschland und die Niederlande alles zu tun, um das einzigartige Gebiet für kommende Generationen zu erhalten. Dies zu vermitteln, macht sich das Besucherzentrum des Nationalparks Niedersächsisches Wattenmeer zur Aufgabe. Kindgerecht, abwechslungsreich und interaktiv werden hier verschiedene Themen veranschaulicht: Naturschutz in diesem faszinierenden Lebensraum, Artenvielfalt und biologisch–geologische Prozesse im Wattenmeer werden thematisiert.

Es lohnt sich eine der vielfach angebotenen 6 **Wattwanderungen**, auch speziell für Kinder, mitzumachen. Keinesfalls sollte man auf eigene Faust losmarschieren, da Watt und Tide für unbedarfte Landratten durchaus tückisch und lebensgefährlich werden können.

Läuft man nun weiter am Kai entlang, fällt linker Hand der **Tonnenhof** ➡ aF5/6 des Wasser- und Schifffahrtsamtes (WSA) Emden, Niederlassung Norderney ins Auge. Hier liegen zahlreiche ausgediente oder reparaturbedürftige Seezeichen. Durch die vielen verschiedenen Farben ergibt sich ein hübsches, buntes Bild.

Vorbei am Fischereihafen gelangt man zum 2004 eingeweihten Stationsgebäude der Deutschen Gesellschaft zur Rettung Schiffbrüchiger (**DGzRS**). Der **Seenotkreuzer Eugen** ➡ aF6, der Name ist eine Würdigung eines großzügigen Spenders, ist seit 2018 im Hafen stationiert. Am Weststrand findet man übrigens den Historischen Rettungsschuppen mit dem **Ruderrettungsboot Fürst Bismarck** von 1862 und einem kleinen Museum, das meist samstags zur Besichtigung oder für einen Vortrag geöffnet ist.

Seit 1977 gibt es im Norderneyer Hafen einen **Sportboothafen** ➡ aE/aF6/7, der direkt an den Hafen angeschlossen ist und vom Seglerverein Norderney e. V. betrieben wird. Für die Segler gibt es hier alles, was das Seemannsherz sich für einen oder mehrere Hafentage wünscht, von der Wasser- und Dieseltankstelle, einem Bootsausrüster, dem Brötchen-Service bis zum Fahrradverleih zur Erkundung der Insel.

Weiter entlang des Wassers befindet sich die **Segelschule-Norderney** ➡ aE6/7. Linker Hand liegt die nach eigenen Angaben größte **Surfschule** Deutschlands ➡ aE7, in der man neben Wind- und Kite-

Norderneys Surfschule bietet Kurse für Wind- und Kitesurfen, Kajakfahren oder Stehpaddeln an

surfen auch Kajakfahren und SUP, *stand up paddle surfing* oder Stehpaddeln, erlernen kann (vgl. S. 73). Auch das Restaurant **neysPLACE** ➡ aF7 ist hier mit seiner schönen Terrasse beheimatet und bietet neben gutem Essen einen wunderbaren Ausblick sowohl auf den Segel- und Yachthafen als auch auf das Wattenmeer.

Bootshaus der BSG Norderney

Die Hafenkneipe **Aalkuhle** bleibt der Treffpunkt für die Seglervereinsmitglieder und alle, die sich für Wassersport interessieren, oder auch nur bei einer Dortmunder Currywurst und einem Bier den Blick genießen wollen.

Am östlichen Ende des Hafens liegt das recht originelle Bootshaus der Betriebssportgruppe (BSG) Norderney in Gestalt eines Waggons der Inselbahn Juist.

Nördlich der Segelschule am Surfbecken trifft man auf den **Salzwiesenlehrpfad** ➡ aE/aD6/7. Der Pfad verläuft am Rande der **Salzwiese**, dem Übergangsbereich zwischen Meer und Land. Sie bildet einen extremen Lebensraum für Pflanzen und Tiere mit faszinierenden Überlebensstrategien. Wissenswertes findet man auf den Informationstafeln, die allerdings ohne Fernglas kaum zu lesen sind.

Wer gut zu Fuß ist und noch mag, kann einen Rundgang (ca. 4 km) um den **Südstrandpolder** ➡ D/E5–7 anschließen. Auch dafür wäre es gut, ein Fernglas mitzunehmen, denn es handelt sich um das größte Süßwasserfeuchtgebiet der Insel und ist Heimat vieler Wasservögel. Am Südwestrand des Polders gibt es eine Beobachtungs- und Infohütte. Da man sich hier in geschütztem Brutgebiet bewegt, bitte unbedingt auf den Wegen bleiben, um die Vögel so wenig wie möglich zu stören.

Eine Tagestour zum »wilden« Ostende der Insel

Den Strandweg finden Sie in der ausfaltbaren Karte grün eingezeichnet.

Sehr ambitionierte Wanderer werden sicher gern den ⑦ **Strandweg** von der Aussichtsdüne **Georgshöhe** ➡ aB/aC3 zum Wrack am Ostende Norderneys (ca. 13,5 km eine Strecke) wählen. Man passiert dabei den Nordstrand, die **Weiße Düne** und den FKK-Strand. Je weiter man Richtung Osten läuft, desto weniger Menschen bekommt man zu Gesicht.

Das **Wrack** ➡ F12 am östlichen Inselende, der ehemalige Muschelsauger Pionier, strandete im Dezember 1967 hier im Sand der Rattendüne bei dem Versuch einen festgefahren Heringslogger zu retten. Er kam dabei selber fest und wurde durch einen prompt einsetzenden Sturm noch höher auf den Strand gedrückt. Der Heringslogger konnte Wochen später wieder ins Fahrwasser gezogen werden, die Pionier blieb und wurde zum beliebten Ausflugsziel. Von hier kann man Baltrum, die nächste Insel der ostfriesischen Inselkette, und – wenn man Glück hat – auch Seehunde, die sich auf Sandbänken sonnen, ent-

Im Morgennebel: der Große Norderneyer Leuchtturm

decken. Ganz nah kommt man den niedlichen Tierchen übrigens in der Seehundstation Norddeich. Dort werden verwaiste Heuler aufgepäppelt, um sie später wieder auszuwildern (mit Live-Webcam von den Seehundbänken, ✆ 049 31-89 19, www.seehundstation-norddeich.de).

Zurück geht man dann wieder am Strand entlang und beim FKK-Strand landeinwärts zur Bushaltestelle Oase. Achtung, der letzte Bus fährt selbst in der Hochsaison schon gegen 18 Uhr, in der Nebensaison gegen 16 Uhr und im Winter gar nicht bzw. nur nach Anruf mindestens 30 Minuten vor der Abfahrtszeit ab Leuchtturm (unbedingt vorher informieren).

Oder man wählt für den Rückweg den anspruchsvolleren Binnenlandweg.

Inselgäste sollten auf den vorgegebenen Wegen bleiben und die geltenden Regeln respektieren, die u. a. lauten: »Nehmen Sie nichts aus der Natur mit, außer Bilder und Eindrücke und lassen Sie nichts in der Natur zurück, außer Fußspuren.« (Broschüre Nationalparkhaus)

Dieser Weg führt an zwei Baken vorbei. Die erste auf der **Möwendüne** kennzeichnet den Verlauf eines Seekabels. Die zweite ist die Rekonstruktion einer Peilmarke, die der zwischen Norderney und dem Festland verkehrenden Wattpost zur Orientierung diente. Die wenige Post wurde zunächst von Botengängern durch das Watt getragen. Ab 1844 wurden dann regelmäßig Personen und Postsachen mit speziellen Postkutschen, die besonders hohe und breite Räder hatten, um nicht im Schlick zu versinken, transportiert. Während der Badesaison trabten die Pferde täglich dem abfließenden Wasser Richtung Norden hinterher. Der Wattweg wurde mit Steinen befestigt, in der Seekarte wird dieses Gebiet noch heute Steenweg genannt. Die Fahrt dauerte an die vier Stunden. Aufgrund einiger Unfälle und der Einführung des täglich verkehrenden Dampfschiffes wurden zwischen 1879 und 1892

»Born to be wild«: Die Seehundbänke vor Norderney erkundet man am besten bei einer Ausflugsfahrt mit dem Boot

Das raue Dünengras, eine der wichtigsten Pflanzen im Bereich des Inselschutzes

nur noch Postsachen aber keine Menschen mehr per Kutsche über das Watt gebracht. Und schließlich wurde die Wattpost ganz eingestellt.

Die meisten Urlauber werden bis zum Leuchtturm, zur Oase oder zum Parkplatz **Ostheller** sicher eher mit dem Fahrrad, Auto oder Bus fahren und den Rest des Weges (immerhin 6 km eine Strecke) dann zu Fuß entdecken. Auch hier kann man entscheiden, die Hin- oder Rücktour am Strand entlang zu gehen. Dieser Bogen verlängert die Wanderung aber wieder etwas.

Der Backsteinturm des 8 **Leuchtturms** ➡ C10 ist 53,75 m hoch und verfügt bis heute über das einzige linksdrehende Leuchtfeuer an der deutschen Nordseeküste. Die 254 Stufen bis hinauf zur Spitze können erklommen werden. Von dort hat man einen fantastischen Blick über die gesamte Insel, das Watt und die Nordsee.

Bei Hochwasser muss man auf der Wanderung durchaus auch mal mit nassen Füßen rechnen. Bei Sturmwarnung sollte man den Weg ganz meiden, wie der Fall einer Familie zeigte, die 2011 auf ihrer Wanderung vom schnell auflaufenden Wasser überrascht und eingeschlossen wurde. Glücklicherweise konnte die vierköpfige Familie samt ihrer beiden Hunde per Hubschrauber bzw. von Rettungsschwimmern des DLRG gerettet werden. In jedem Fall ist es wichtig, genug Trinkwasser und eventuell eine kleine Stärkung einzupacken!

Wer am frühen Abend mit dem Fahrrad oder zu Fuß zurück in die Stadt will, kann auf den Dünenwegen zwischen Strandbar Oase, Leuchtturm und Weißer Düne durchaus auch mal Damwild und in der Dämmerung tausenden Kaninchen begegnen. Angeblich gibt es sogar einen weißen Hirsch auf Norderney.

Niedliche Vierbeiner, aber schädlich für die Dünen: Kaninchen

Das Abendessen, vielleicht in dem empfehlenswerten Restaurant 9 **Weisse Düne** ➡ A8 oder bei Da Sergio in der Stadt, hat man sich an diesem Tag in jedem Fall verdient! ■

Weltnaturerbe Wattenmeer

Bereits 1986 wurde das Wattenmeer vor Niedersachsens Küste zum Nationalpark ernannt und damit zu einem besonders geschützten Gebiet. Seit 2009 gehören das niederländische Wattenmeer ab Den Helder sowie die Nationalparks Niedersächsisches und Schleswig-Holsteinisches Wattenmeer zum UNESCO-Weltnaturerbe. Es handelt sich hierbei um das größte Wattenmeer der Erde, in dem 4500 Quadratkilometer Meeresboden zweimal täglich bei Ebbe trockenfallen. Der dabei zu Tage kommende Grund der Nordsee wird Watt genannt. Das Wasser läuft meist durch Wasserläufe, die sogenannten Priele, ab. Besonders tiefe Priele, die auch bei Niedrigwasser noch beschiffbar sind, werden Baljen genannt. Zum Wattenmeer gehören neben dem Watt selbst mit seinem Rinnensystem aus Prielen, Baljen und Seegats (Strömungsrinnen) auch Salzwiesen, Dünen, Sandbänke und Strände.

Das Wattenmeer macht eine unglaubliche und einzigartige Artenvielfalt möglich. Die Lebewesen, die sich hier dauerhaft etablieren können, sind ausgeprägte Spezialisten. Die meisten graben sich im Boden ein, um sich vor Gezeiten und anderen widrigen Bedingungen zu schützen. Aktuell werden auf den Ostfriesischen Inseln 1500 Pflanzen- und über 8000 Tierarten gezählt, darunter auch viele bedrohte Arten. Auf einem Quadratmeter Wattboden können hunderttausend Schlickkrebse, fünfzigtausend Wattschnecken oder hundert Wattwürmer leben. Den Miesmuscheln fällt dabei die Aufgabe zu, Schadstoffe aus dem Nordseewasser zu filtern. Bis zu drei Liter schafft eine einzelne Muschel in der Stunde.

Den Nordseeschollen und anderen Fischarten dient die geschützte Region des Wattenmeeres als Kinderstube. Ungefähr 60 Prozent aller Seezungen wachsen hier heran. Die Fische wiederum sind Lebensgrundlage für Seehunde und Kegelrobben. Deren Bestände wurden in den späten 1980er Jahren durch Staupe, eine Viruserkrankung, stark reduziert. Inzwischen konnte sich die Population, aber auch dank ihres geschützten Status, wieder erholen. Sogar Schweinswale ziehen sich manchmal zur Geburt in den Übergangsbereich zwischen See und Watt zurück.

Zudem fällt den Salzwiesen und Dünen des Wattenmeers eine herausragende Bedeutung als Brutstätten für Vögel wie Rotschenkel, Küstenseeschwalben, Säbelschnäbler und Heringsmöwen zu. Auch der vom Aussterben bedrohte Steinschmätzer brütet hier erfolgreich, mit rund 200 Brutpaaren jährlich.

Das Wattenmeer bietet Lach- und Silbermöwen ein Zuhause

Insgesamt 95 Vogelarten brüten auf Norderney; im Frühling haben hier eine Million Brutvögel ihre Nester, denn das Nahrungsangebot im Watt ist reichlich. Am häufigsten auf der Insel anzutreffen sind Lach- und Silbermöwen, die den Menschen folgen und häufig im eher städtischen Gebiet leben. Sie haben die Scheu vor den Menschen verloren und klauen den Touristen nicht selten das Butterbrot aus der Hand.

Lachmöwen finden ein reichliches Nahrungsangebot im Watt

Austernfischer unterwegs im Watt

Der hübsche Säbelschnäbler

Im geschützten Watt, den Salzwiesen, Stränden und Dünen der Insel trifft man außerdem auf den Alpenstrandläufer, der auf Feuchtgebiete oder offenes Wasser angewiesen und oft in Schwärmen unterwegs ist. Mit seinem langen Schnabel pickt er Insekten und ähnliches Getier aus dem flachen Wasser. Auch der charakteristische Austernfischer ist auf Norderney häufig anzutreffen. Er lebt von Muscheln, Schnecken und Würmern und wird im Durchschnitt immerhin 20 Jahre alt. Der selten gewordene und geschützte Kiebitz brütet ebenfalls auf der Insel. Beobachten kann man mit etwas Glück die Moorente, den Großen Brachvogel und die Rohrdommel sowie natürlich viele Küstenseeschwalben und Goldregenpfeifer.

Circa zehn Millionen Watt- und Wasservögel nutzen das Wattenmeer als Rastplatz auf ihren Zugwegen aus nördlichen Brutgebieten in südlichere Gefilde. Hier finden Vögel wie Knutt, Pfeifente und Pfuhlschnepfe genügend Nahrung, um sich für ihre langen Nonstop-Flüge Reserven anzufressen. Aber auch als Mauser- oder Winterquartiere halten die Salzwiesen und Dünen her. Graugänse beispielsweise nutzen sie als Weidegründe.

Als Drehscheibe des Vogelzuges fällt dem Wattenmeer also international eine tragende Rolle im Vogelschutz zu. Immer im Oktober veranstaltet das Nationalparkhaus Watt Welten spezielle **Vogelzugtage** um auf dieses Phänomen aufmerksam zu machen. Mehr als eine Woche lang drehen sich viele Veranstaltungen für Groß und Klein um Zugvögel und den Vogelzug.

Wer sich für Ornithologie interessiert, ist gut beraten, immer ein gutes Fernglas bei sich zu haben, denn es gibt vor allem im Osten der Insel viele Vögel zu beobachten.

Dank der frühen Einrichtung des Nationalparks Niedersächsisches Wattenmeer, konnte sich hier einer der letzten Naturräume in Europa entwickeln, in dem natürliche ökologische Prozesse bis heute nahezu ungestört ablaufen. Wichtig ist daher, dass auch Touristen die Schutzregelungen respektieren und Störungen wie Lärm, Schmutz und jagende Hunde vermeiden.

Museen, Kirchen, Architektur und andere Sehenswürdigkeiten

Museen

⑩ bade~museum ➡ aF2
Am Weststrand 11
✆ (049 32) 93 54 22
www.museum-norderney.de
Mit gutem Ausstellungskonzept 2007 eröffnete und anschaulich gestaltete ständige Ausstellung zum Thema Nordseebad von dessen Entstehung bis zu den 1960er Jahren und zur Reise- und Badekultur. Außerdem wechselnde Sonderausstellungen. Neben einer historischen Druckwerkstatt, in der man zu bestimmten Terminen historisches »Drucken live« erleben kann, gibt es hier auch einen Museumsshop sowie eine kleine Kaffeebar. Seit dem Sommer 2019 kann man in der angeschlossenen »Galerie am Weststrand« Gemälde und Zeichnungen des Inselmalers Poppe Folkerts anschauen.

Fischerhaus-Museum ➡ aE2
Weststrandstr. 1
✆ (049 32) 825 03 oder (049 32) 17 91 (Auskunft zu Führungen und Teeseminaren)
www.heimatverein-norderney.de

Das kleine Heimatmuseum, das in einem Nachbau eines alten Norderneyer Fischerhauses aus dem 17. Jahrhundert im Argonner Wäldchen untergebracht ist, wurde vom Heimatverein Norderney liebevoll eingerichtet. Man gewinnt Einblicke in das frühere, harte Leben der Inselbewohner.

Historischer Rettungsschuppen ➡ aE2
Am Weststrand 5
www.seenotretter.de
Nur an Infotagen geöffnet (vgl. Aushang oder Website)
Die ehemalige Weststation der **DGzRS** (Deutsche Gesellschaft zur Rettung Schiffbrüchiger) mit dem historischen Ruderrettungsboot Fürst Bismarck von 1892 beherbergt eine kleine Ausstellung historischer Rettungsgeräte – eine Zeitreise durch das Rettungswesen auf See.

Bitte recht freundlich! Badegäste auf Norderney, dem ältesten Seebad an der deutschen Nordseeküste

Relikte einstiger Badesitten: Mit dem Badekarren gelangte man sittlich korrekt und ungesehen ins offenen Meer

Von Bademoden und Badesitten

In der Mitte des 18. Jahrhunderts wurden an Englands und Frankreichs Nordseeküste die ersten Seebäder eingerichtet. Der englische Arzt Richard Russel hatte in seinen Publikationen über Meeresheilkunde und Thalassotherapie von 1750 erkannt, dass sich die nahezu pollen- und schadstofffreie Seeluft bei Erkrankungen der Atemwege heilsam auswirkt. Derselben Auffassung waren in Deutschland der Göttinger Professor Georg Christoph Lichtenberg und der Arzt Christoph Wilhelm Hufeland. Im Mai 1797 wurde dem Norderneyer Inselvogt Feldhausen ein Antrag vorgelegt, dessen positive Beantwortung die Zukunft der Insel entscheidend prägte. Sie wurde zum ersten Nordseeheilbad Deutschlands. Nur Heiligendamm an der Ostsee ist vier Jahre früher zum Seebad ernannt worden.

Baden war damals alles Mögliche, nur nicht das unbeschwerte Vergnügen heutiger Strandjünger. Es sollte in erster Linie der Gesundheit dienen und wurde mit entsprechendem Ernst betrieben. Frauen und Männer wurden in bequemen Badekutschen zu getrennten Strandabschnitten gefahren. Knaben bis zum Alter von zehn Jahren durften mit an den Damenbadestrand. Noch heute zeugen die Straßenbezeichnungen Damen- und Herrenpfad von diesen vergangenen Zeiten. In Badezelten konnten sich die Herrschaften umziehen, wobei die damalige Bademode deutlich angezogener war, als die gängige Sommermode heutzutage, von Bikinis oder modernen Badeanzügen ganz zu Schweigen. Aufmerksame Maler der damaligen Zeit hielten fest, wie sich das getränkte Material seinerseits am jeweiligen Körper »festhielt«. Die Kleidung war nämlich u. a. deshalb so voluminös, damit im nassen Zustand nicht gar Körperkonturen zu erkennen waren. Ins Wasser kam man mit Badekarren,

Zaghaft: Bad aus dem Badekarren

Damentreff am Wasser

die vom Strand ins Wasser gezogen wurden. Damit die Damen nicht von ihren schweren Badesachen auf Grund gezogen wurden, gab es Wärterinnen, die sie hielten. Überhaupt wurde nicht geschwommen, schon weil viele Damen gar nicht schwimmen konnten. Baden bestand lediglich aus einem kurzen Eintauchen in die Nordsee.

Ab 1866, nunmehr »Königlich preußische Seebadeanstalt«, profitierte das Seebad Norderney vom Gründerboom und entwickelte sich zum »Welt- und Modebad«. Der Adel hatte eine neue Möglichkeit gefunden, zu repräsentieren, sich zu amüsieren und zu treffen: Man fuhr an die See. Der Hof hatte es vorgemacht, da wollte man in der guten Gesellschaft nicht nachstehen.

Neue Moden erfordern neue Mode, das galt damals wie heute. Dem maritimen Thema näherte man sich inhaltlich insofern, als die Mode Elemente der Marine übernahm, also Streifen und die Farben Weiß und Blau. Jungen trugen den allseits beliebten Matrosen- oder Kieler Anzug, da konnte man nichts falsch machen. Den Damen der feinen Gesellschaft wurden Tuniken und Überkleider mit wadenlangen Pluderhosen auf den badewilligen Leib geschneidert, der Herr gab sich da freizügiger und trug auch mal nackte Waden zur Schau. Damit alles seinen Schick hatte, gab es natürlich auch Rüschen und Schleifen oder einen flotten Messingknopf hier und da. Baumwolle, aber auch Wolle kamen als Material zum Einsatz.

Alles in allem ergab sich aus der im Wasser durchweichenden Kleidung ein Gewicht, das schon für geübte Schwimmer geradezu einen gesundheitsfördernden Trainingseffekt gehabt haben muss.

Ein Kaiserreich und einen Weltkrieg später machten die spaßverliebten Wilden Zwanziger natürlich auch vor dem Thema Bademode nicht halt. Damenkleider hörten plötzlich bei den Knien auf und das Badetrikot wurde erfunden. Die Herren trugen gar nur eine – wenngleich recht voluminöse – Hose.

Auf dem »Berliner Strandfest an der Ostsee« 1926 im Sportpalast durften verwegene Damen Badeanzüge präsentieren, die selbst das progressive, weltgewandte Berliner Publikum noch schockieren konnten. Die obere Hälfte des Kleidungsstücks wurde auf eine hosenträgerartige Konstruktion reduziert, die Beinausschnitte des Hosenteils rückten nach oben und übrig blieb: sehr wenig Stoff, der nun immerhin niemanden mehr lebensgefährlich gen Meeresboden ziehen konnte. Die Nation war oder gab sich schockiert, aber immerhin: Die Modenschau hatte einschneidende Bedeutung, denn sie galt als Vorläufer der späteren französischen Riviera-Mode und ist damit immer noch fast Status quo.

Werbung für den Urlaub auf Norderney

Eine Unterbrechung des Trends gab es noch, die die Entwicklung der Bademode und -moral bremste. Der »Zwickelerlass« vom 18. August 1932 regelte im vorschriftsfreudigen Dritten Reich das Deutsche Badeverhalten. Das Nacktbaden wurde verboten und das Zusammensein der Geschlechter beim Baden wurde per Gesetz geregelt: »Frauen dürfen nur dann öffentlich baden, falls sie einen Badeanzug tragen, der Brust und Leib an der Vorderseite des Oberkörpers vollständig bedeckt, unter den Armen fest anliegt sowie mit angeschnittenen Beinen und einem Zwickel versehen ist. In sogenannten Familienbädern haben Männer einen Badeanzug zu tragen.«

Nach dem Ende des Zweiten Weltkriegs ordnete sich die Gesellschaft neu, und in Sachen Bademode orientierte man sich jetzt an der Siegermacht USA. Amerikanische Vorbilder prägten über Generationen die Mode am Strand. Der Bikini trat ab 1949 seinen aufsehenerregenden Siegeszug an.

Zu enthüllen gab es nun nur noch wenig, FKK wurde ohnehin vielerorts parallel zelebriert. Da kam nochmal eine Revolution ganz anderer Art: Stoffe wie Nylon machten aus der ehedem eher sperrigen Badekleidung eine »zweite Haut«, die zwar noch bedeckt, aber nichts mehr verbirgt.

Ein etwa 100 Jahre dauernder Prozess der vorsichtigen Annäherung an das nasse Element findet hier sein vorläufiges Ende. Trauriger Schlussgedanke: Wenn heute mancherorts – vor allem in Australien – die Badekleidung wieder mehr vom Körper bedeckt, dann nur aus der Erkenntnis, dass ein Zuviel an Sonnenstrahlen der Haut nicht gut tut – wieder eine Mode, die aus der Sorge um die Gesundheit geboren wurde.

Zu diesem Thema empfiehlt sich ein Besuch im 10 **bade~museum**, in dem Fotos und Modelle Bademoden und -sitten schön veranschaulichen.

Plakat aus den 1950er Jahren

Nationalparkhaus Watt Welten ➡ aG6
Am Hafen 1
✆ 0157-57 70 24 04
www.wattwelten.de
Das alte Nationalparkhaus aus den 1960er Jahren wurde abgerissen. Neu entstanden ist ein modernes Erlebniszentrum, dessen Fassade optisch an Wattboden bei Ebbe denken lässt. Mit umfangreicher Ausstellung auf zwei Ebenen und besonders guter Aussicht auf das UNESCO Weltnaturerbe Wattenmeer von der Dachterrasse aus.

Kirchen

Evangelisch-lutherische Inselkirche ➡ aD2
Kirchstr., Ecke Kampstr.
Kirchenbüro: Jann-Berghaus-Str. 46
✆ (049 32) 92 72 10
www.norderney-kirchengemeinde.de
Die 1878/79 erbaute neugotische Kirche wurde zur Goldenen Hochzeit Kaiser Wilhelm I. und seiner Frau Augusta eingeweiht. Im Innenraum fallen zwei von der Decke hängende Votivschiffe auf. Solche Votivgaben in Form von Schiffen erolgten meist zum Dank für eine unversehrte Heimkehr von der See. Auf der Seite zur Kirchstraße steht seit 1883 ein Luther-Denkmal des Oldenburger Steinmetzes Bernhard Högl.

4 Katholische Kirche Stella Maris ➡ aC2/3
Goebenstr. 2
✆ (049 32) 456
Die sachlich-moderne Kirche wurde 1931 vom Kölner Architekten Professor Domenikus Böhm erbaut. Ihr Name bedeutet Stern des Meeres und mit ihrem sehr lichten Innenraum ist sie auf jeden Fall einen Besuch wert. Das Bild von Richard Seewald im Innern greift das maritime Thema der Architektur auf. Außen liegt die Betonung auf dem offenen Eingangsvorbau zur Straße hin, der auch das Geläut trägt.

Katholische Pfarrkirche St. Ludgerus ➡ aD2
Friedrichstr. 22
Am Kaiser-Wilhelm-Denkmal
✆ (049 32) 456
www.kirche-norderney.de
Die 1884 eingeweihte und im Jahr 2008 komplett neu gestaltete ka-

Im Stil der Neuen Sachlichkeit vom Kölner Architekten Domenikus Böhm erbaut: die katholische Kirche Stella Maris

Waldkirche an der Napoleonschanze

tholische Kirche findet man an prominenter Stelle direkt neben dem Kaiser-Wilhelm-Denkmal. Altar und Taufstein stammen vom Bildhauer Arne-Bernd Rhaue aus Köln.

3 Waldkirche ➡ aD4
An der Napoleonschanze
Seit 1912 finden in der Waldkirche mitten im Wäldchen an der Napoleonschanze im Sommer ökumenische Open-Air-Gottesdienste statt, oft mit Posaunenchor.

Architektur und andere Sehenswürdigkeiten

Bahnhof Stelldichein ➡ aC7
Richthofenstr., Ecke Birkenweg
Es handelt sich um ein im Ersten Weltkrieg erbautes und 1997 restauriertes Stationshäuschen der ehemaligen Marinebahn der Seefestung Norderney.

Die Marinebahn diente dem Soldaten- und Munitionstransport zu den militärischen Einrichtungen der Insel. Sie wurde nach dem Zweiten Weltkrieg abgebaut, nur das Haltestellenhäuschen blieb stehen. Es wurde in den darauffolgenden Jahren häufig als Treffpunkt von jungen Pärchen genutzt, daher der Name Bahnhof Stelldichein.

Conversationshaus ➡ aE2/3
Am Kurplatz 1
✆ (049 32) 89 19 00
www.norderney.de
Das im Jahr 2008 komplett sanierte Haus ist der Mittelpunkt des schönen Bäderarchitektur-Ensembles am Kurplatz. Hier befindet sich die Tourist Information und die **Öffentliche Bibliothek** mit einem einladenden Lesesaal. Außerdem gibt es ein Café, meh-

Auf der Terrasse des Cafés im Conversationshaus

Mit dem Charme und dem Flair der kaiserlichen Zeiten: das Conversationshaus (ehemals Kurhaus)

rere Veranstaltungsräume sowie ein stilvolles Lädchen, in dem es sich zu stöbern lohnt.

Cumberland-Denkmal ➡ aC7
Richthofenstr., Ecke Birkenweg
1866 zum Gedenken an die Rettung des hannoverschen Kronprinzen Ernst August, der auch Herzog von Cumberland war, eingeweiht, später abgebaut und im Jahr 2002 rekonstruiert.

Ehrenmal ➡ aD4
Napoleonschanze
Geschaffen vom Berliner Bildhauer Prof. Hermann Hosaeus (1875–1958) erinnert es seit 1929 an die Norderneyer Opfer des Ersten Weltkrieges.

Georgshöhe ➡ aB/aC3
Strandpromenade
Die mit 20 m höchste Aussichtsdüne Norderneys am früheren

Die Rettung des Kronprinzen

Das 1866 errichtete Cumberland-Denkmal erinnert an die Rettung von Kronprinz Ernst August von Hannover im Jahr 1861. Dessen Vater war König Georg V. von Hannover und gleichzeitig Herzog von Cumberland. Im Jahr 1861 waren beide zusammen auf Norderney und der damals 16-jährige Kronprinz Ernst August wäre beinahe ertrunken, wenn nicht ein Norderneyer Bademeister namens Gerrelt Janssen mutig eingegriffen und den Thronfolger vor dem sicheren Tod und das Haus Cumberland vor dem Aussterben gerettet hätte. Aus Dankbarkeit veranstaltete der König ein großes Picknick für die Norderneyer Bevölkerung und zeichnete den Lebensretter mit einem Silberpokal und Geldzuwendungen aus.

Zunächst erinnerte ein Lebensbaum an das dramatische Geschehen. 1866 wurde ihm zu Ehren dann das Cumberland-Denkmal, das wie ein kleiner Obelisk aussieht, aufgestellt. Auf den vier Seiten des Sockels stehen jeweils die Namen der königlichen Familienmitglieder. 1938 wurde es mit der Absicht abgetragen, es an anderer Stelle neu aufzustellen. Es zerbrach jedoch beim Abbau und wurde erst im Jahre 2002 an ursprünglicher Stelle am Ruppertsburger Wäldchen rekonstruiert.

Wetterwarte ➡ aB4

Seit 2011 befindet sich die Wetterstation des Deutschen Wetterdienstes (DWD), die in Zusammenarbeit mit der Bundeswehr betrieben wird, am Januskopf. Ein mit Helium gefüllter Ballon wird dort zweimal täglich automatisch gestartet, und eine Messsonde übermittelt aus einer Höhe von bis zu 35 Kilometern fünf verschiedene Werte an die Bodenstation: Lufttemperatur, Luftdruck und Luftfeuchtigkeit sowie Windrichtung und Windgeschwindigkeit. Diese Angaben werden ausgewertet und ermöglichen den Meteorologen immer genauere Wettervorhersagen. Ähnliche Stationen gibt es bundesweit an sieben weiteren Standorten.

Herrenbadestrand wurde nach König Georg V. von Hannover benannt. Jene Düne am Damenbad wurde nach seiner Frau Marienhöhe genannt. Zur Zeit des Zweiten Weltkriegs befand sich auf dieser Plattform eine Signalstelle der Marine.

Bei dem hölzernen Kreuz auf der Düne handelt es sich um einen Stockanker aus dem 18. Jh., der 2004 zu Ehren der Norderneyer Fischer und Seeleute, die ihr Leben auf See ließen, aufgestellt wurde.

Heinrich-Heine-Denkmal ➡ aE3

Am Kurtheater

Zu Ehren des Dichters, der die Insel 1825, 1826 und 1827 besucht hatte, wurde das Denkmal 1983 trotz heftiger Proteste der Insulaner an dieser Stelle aufgestellt. Die Kunst des Bildhauers Arno Breker, der das Denkmal 1930 entwarf, ist aufgrund seiner Rolle im Dritten Reich sehr umstritten.

Hochtiedsstuv ➡ aE2

Im Argonner Wäldchen

Das Standesamt der Insel bietet mit der sogenannten Hochtiedsstuv ein idyllisch gelegenes Trauzimmer in Strandnähe, in dem man nicht nur heiraten und feiern, sondern auf Wunsch auch gleich seine Hochzeitsnacht verbringen kann. Ursprünglich wurde in diesem Ableger des Norderneyer Standesamtes die Königliche Bauleitung untergebracht. Davor war hier die »Schießbude« des Königlichen Büchsen- und Pistolen-Schießstandes.

Nordstrand im Winter: Blick von der Georgshöhe auf die Strandpromenade

Auch bei Regen – Trauung im Badekarren am Strand

Um die 300 Ehen werden pro Jahr in der Hochtiedsstuv geschlossen. Auf der Suche nach einem außergewöhnlichen Ort für die Hochzeit kehren immer mehr heiratswillige Paare ihrem heimischen Standesamt den Rücken. Mehr als 80 Prozent der auf Norderney getrauten Eheleute kommen mittlerweile vom Festland. Seit Jahren verzeichnet Norderney auch unter jungen Brautpaaren einen wachsenden Trend, sich auf der Insel das Jawort zu geben. Ebenfalls außergewöhnlich ist eine Trauung im Badekarren am Strand.

Kaiser-Wilhelm-Denkmal ➡ aD2
Friedrichstr., Ecke Herrenpfad
Das 13 m hohe Denkmal wurde zur Erinnerung an die Reichsgründung 1871 aus Steinen, die aus 75 deutschen Städten und Provinzen herbeigeschafft wurden, zum Obelisken zusammengefügt und 1899 eingeweiht. Auf 61 Steinen findet man die Namen der Stifter, meist deutsche Städte.

Norderneyer Stadtwappen und Flagge

Im Jahr 1928 verlieh das Preußische Staatsministerium der Stadt Norderney ein Stadtwappen. Das Design beruht auf einer Zeichnung des Inselmalers Poppe Folkerts und zeigt das Wahrzeichen der Insel, das schwarze Kap, darunter eine weiße Düne und blaues Meer.

Norderney ist eine der wenigen Gemeinden in Deutschland, die eine eigene Flagge führt. Sie ist blau-weiß gestreift mit einem schwarz-weiß karierten Streifen auf der linken Seite. Wie im Stadtwappen steht die blaue Farbe auch hier für das Meer, Weiß symbolisiert die Farbe des Sandes und Schwarz das alte Kap.

Kap ➡ aC5
Bürgermeister-Willi-Lührs-Str.
Das Wahrzeichen der Insel wurde 1848 zunächst als pyramidenförmige Landmarke aus Holz auf einer Düne errichtet. Die Insulanerinnen entfachten hier ein Feuer, damit ihre zur See fahrenden Männer den Weg nach Hause fanden. Es ist als Symbol im Stadtwappen verewigt, das aus Entwürfen des Norderneyer Künstlers Poppe Folkerts entstanden ist.

Im März 2017 wurde es nun seit 1848 zum dritten Mal abgerissen, da die alten Steine völlig marode geworden waren. Es wurde, des Denkmalschutzes wegen, originalgetreu nachgebaut, jedoch in seinem Inneren mit einem Stahlkern verstärkt, um es möglichst lange haltbar zu machen.

1 Kurplatz ➡ aE2/3
Heute wie damals bildet der Kurplatz mit dem **Conversationshaus** am Kopf des Platzes, dem **bade:haus norderney** und dem **Musikpavillon** das Zentrum des Nordseebades. Nach seiner Umgestaltung entspricht das Aussehen der Rasenfläche auf dem Platz mit den sich kreuzenden Wegen nun wieder eher der des 19. Jahrhunderts. Man kann sich, umgeben von der adrett sanierten Bäderarchitektur, gut vorstellen, wie die Herrschaften um 1900 hier flanierten und einem der seinerzeit dreimal täglich stattfindenden Kurkonzerte lauschten. Aber auch heutzutage ist hier viel los, und auf einer der Bänke zu sitzen, der Musik zuzuhören und »Leute zu gucken« macht noch immer Spaß.

Kurtheater ➡ aD/aE3
Am Kurtheater
✆ (049 32) 89 14 90
www.norderney.de
In dem 1894 eröffneten Theater kann man in historischem Ambiente kulturelle Veranstaltungen und regelmäßig aktuelle Kinofilme genießen. Das jeweilige Programm findet man überall auf der Insel auf Aushängen und im digitalen Veranstaltungskalender.

Das Kap, Wahrzeichen Norderneys, nach der Rekonstruktion 2017

Bei normalen Sichtverhältnissen ist das Licht des Leuchtturms noch in einer Entfernung von 20 Seemeilen (fast 40 km) zu sehen

8 Leuchtturm ➡ C10
Am Leuchtturm
Der Backsteinturm wurde 1874 fertiggestellt und ist 53,75 m hoch, bezieht man die Laterne mit ein, erreicht er fast 60 m. Er löste die hölzernen Landmarken wie das Kap ab. Da seine Leuchtfeuer-Technik aus Frankreich stammt, ist dies bis heute das einzige linksdrehende Leuchtfeuer an der deutschen Nordseeküste. Wer die 254 Stufen geschafft hat, den erwartet ein fantastischer Blick über die gesamte Insel, das Watt und die Nordsee. Direkt unter dem Leuchtturm erlebt man bei klarem Wetter zum Sonnenuntergang ein einmaliges Lichtspektakel.

Meierei ➡ aB8
Lippestr. 2
✆ (049 32) 818 24
Ursprünglich 1881 zu dem Zweck errichtet, dort Kühe zu halten, mit deren Milch die Kinderheime beliefert werden sollten. Schon um 1900 herum wurde sie zum Ausfluglokal mit Gastronomie und ist es bis heute, seit 2017 aufwendig kernsaniert, geblieben.

Mühle »Selden Rüst« ➡ aD5
Marienstr. 24
✆ (049 32) 20 06
Um die Inselbevölkerung besser mit Brot versorgen zu können, wurde 1862 die Windmühle, ein

In der »Meierei« bekommt man ostfriesischen Tee per Flatrate

Die einzige Mühle auf den Ostfriesischen Inseln: Mühle »Selden Rüst«

Galerieholländer, errichtet. Sie blieb die einzige Mühle auf den Ostfriesischen Inseln.

Hier konnte Weizen, Roggen und Graupen gemahlen werden. Der Müller nannte sie Selden Rüst, was Selten Ruhe bedeutet – bei den Windbedingungen auf der Insel gut nachvollziehbar. Soweit bekannt ist, war sie genau 100 Jahre in Betrieb.

Seit 2010 ist das Bauwerk Teil der Niedersächsischen Mühlenstraße. Im Herbst 2023 ging die Mühle in das Eigentum der Stadt Norderney über. Die zukünftige Nutzung ist noch nicht endgültig geklärt.

Napoleonschanze ➡ aD4
Die im Kurpark gelegene Schanzenanlage, wurde 1811/12 von der damaligen französischen Besatzungsmacht gebaut, um den florierenden Schmuggel zwischen Helgoland und den ostfriesischen Inseln zu unterbinden.

Wasserturm ➡ aD5
Am Wasserturm
Da die Geländeoberfläche Norderneys höher als der Meeresspiegel liegt, kann das Niederschlagswasser das Salzwasser in dem gut durchlässigen Sandboden verdrängen. Es bildet sich ein Reservoir, eine sogenannte Süßwasserlinse.

In zwei Wasserwerken, »Ort« und »Weiße Düne«, werden auf der Insel jährlich ca. 900 000 m^3 Wasser gefördert. Der Salzgehalt des Trinkwassers liegt erstaunlicherweise unter dem vieler Tafelwässer. Die hin und wieder leicht gelbliche, gesundheitlich völlig unbedenkliche Trübung ist auf eine Ton- und Torfschicht im Untergrund der Insel zurückzuführen. Die Beseitigung der Trübung wäre nur durch Zugabe von Chemikalien möglich. Darauf wird aber aus gutem Grund verzichtet.

Mit dem Bau des Wasserturms wurde 1929 begonnen, um die Probleme der vorherigen Wasserversorgung zu beseitigen. Er fungiert nun als Druckausgleichbehälter, misst 41,6 m und hat ein Fassungsvermögen von 500 m^3 Wasser.

Auf dem Turm ist eine Webcam installiert – so kann die Insel-Sehnsucht überall auf der Welt mit Livebildern gestillt werden (www.norderney.de). ■

Vielfältig und belebt: der Meeresboden bei Ebbe

Die Gezeiten

Die Gezeiten oder Tiden entstehen durch die Gravitation, d.h. der Anziehung zwischen der Erde und dem Mond sowie der Erde und der Sonne. Die Gezeitenkräfte und die Erddrehung führen dazu, dass der Meeresspiegel der Nordsee zweimal am Tag – alle zwölf Stunden jeweils mit einer Verschiebung von 24 Minuten – um zwei bis dreieinhalb Meter ansteigt. Man spricht von auflaufendem Wasser oder Flut. Das Watt und Teile der Strände sind dann überflutet. Die ursprünglichen Flutwellen werden nicht in der Nordsee erzeugt, sondern entstehen im Atlantik und finden ihren Weg erst Stunden später in die Nordsee. Das Hochwasser kommt an seinem höchsten Stand für kurze Zeit zum Stehen (Stauwasser) und läuft dann wieder ab. Diesen Prozess nennt man Ebbe. Strände und Watt fallen wieder trocken. Den niedrigsten Wasserstand nennt man Tideniedrigwasser. Der Höhenunterschied zwischen dem Scheitelpegel bei Flut und Niedrigwasser wird Tidenhub genannt. Auf Norderney beträgt der mittlere Tidenhub 2,36 Meter. In tidebeeinflussten Flüssen wie Elbe und Weser beträgt er durch die Trichterwirkung über vier Meter, während er an der westlichen Ostsee mit 30 Zentimetern kaum ins Gewicht fällt.

Den mittleren Stand zwischen Hoch- und Niedrigwasser nennt man Normalnull (NN). Im Gegensatz zu anderen Ostfriesischen Inseln wie Juist spielen die Gezeiten für den Fährverkehr von und nach Norderney keine Rolle. Die Rinne in der sich die Fähre bewegt ist tief genug, um tideunabhängig befahrbar zu sein. Das macht in Hochzeiten eine deutlich höhere Frequenz an Überfahrten möglich.

Einen Tidekalender (www.ebbe-flut-kalender.de) findet man auf Norderney sowohl an Aushängen als auch in den Zeitungen der Insel. Genaue Berechnungen zu den Gezeiten im gesamten Nordseebereich erhält man beim Bundesamt für Schifffahrt und Hydrographie (www.bsh.de).

Die Nordsee ist nicht das einzige Meer, an dem das Phänomen der Gezeiten zu beobachten ist. In der französischen Bretagne wird der Tidenhub seit vielen Jahren sogar in einem Gezeitenkraftwerk zur Stromerzeugung genutzt. Abhängig von der geografischen Lage sind die Tiden unterschiedlich stark. Die weltweit höchsten Gezeiten von 15 bis 21 Metern treten an der Ostküste Kanadas, in der Bay of Fundy auf. Auch hier nutzt man diese ungeheuren Naturkräfte zur Stromgewinnung.

Übernachten

Hotels, Apartments und Ferienwohnungen, Jugendherbergen, Campingplätze

In einem Seebad mit so langer Tradition wie Norderney, in dem der Tourismus heute die Haupteinnahmequelle der Insulaner bildet, ist das Angebot an Übernachtungsmöglichkeiten natürlich riesengroß. Einen Überblick kann man sich im Internet verschaffen, z. B. unter www.norderney-zs.de. Buchungsanfragen stellt man z. B. unter www.norderney.de oder www.myhome-norderney.de.

Das Angebot reicht vom Vier-Sterne-Superior-Hotel über Designhotels und Familienpensionen bis zu einfachen Privatzimmervermietungen und Ferienwohnungen. Das Preisniveau ist relativ hoch und schwankt je nach Saison stark.

Inzwischen gilt nicht mehr nur der Sommer als Hochsaison, auch Brücken- und Feiertage wie Weihnachten, Pfingsten und sogar Karneval zählen preistechnisch oft zur Hochsaison. Lediglich der November und die zweite Januarhälfte sind meist noch relativ günstig. Allerdings nutzen die Insulaner diese Zeiten oft für ihren eigenen, redlich verdienten Urlaub und entsprechend bleibt ein Teil der Hotels, Läden und Restaurants geschlossen.

Eine Alternative zum Hotelaufenthalt: Ferienwohnungen im Inseltypischen Stil

Hotels

Gästehaus Caritas Inseloase
➡ aE4
Marienstr. 18
✆ (049 32) 93 41 10, www.caritas-gesundheitszentrum.de
Barrierefreies, familienfreundliches Gästehaus, in dem Inklusion großgeschrieben wird. Das schöne Jugendstilgebäude steht am Kurpark. Hunde sind nicht gestattet.

Haus am Meer – Rodehuus ➡ aD1
Damenpfad 35
✆ (049 32) 89 30
www.hotel-haus-am-meer.de
24 Apartments und Suiten mit Meerblick. Mit Kaminbar und Spa. Ein großes Plus ist die Seeterrasse, Hunde bis Kniehöhe sind erlaubt.

Hotel 1884 ➡ aE2
Am Weststrand 3–4
✆ (049 32) 939 30
hotelfuehrung.de/hotel-1884-norderney

Zwei »Schätze« am Strand

Mit Hund auf Norderney

Insgesamt ist Norderney eine wirklich hundefreundliche Urlaubsinsel. In den meisten Cafés und Restaurants sind sie gern gesehene Gästebegleiter. Wer seinen Hund mit in den Urlaub nehmen möchte, sollte sich natürlich vorab bei der Suche nach Unterkünften erkundigen, ob das Mitbringen von Hunden erlaubt ist (z. B. www.hundeurlaub.de).

Während des Aufenthaltes auf Norderney gilt von März bis Oktober Leinenpflicht für alle Hunde, insbesondere in den Schutzgebieten des Nationalparks. Denn zum einen leiden die Energie- und Fettreserven der dort lebenden Vögel und des Wildes extrem unter dem Aufscheuchen durch freilaufende Hunde, zum anderen könnten andere Feriengäste weniger begeistert von frei herumspringenden Hunden und ängstlich sein.

Die Strände auf Norderney verfügen über gekennzeichnete Abschnitte, an denen sich Familien mit Hunden aufhalten können, z. B. der Hundestrand ➡ A11 zwischen dem Oststrand (Haltestelle Weiße Düne) und dem FKK-Strand (Haltestelle Oase). Innerstädtisch gibt es am Damenpfad ganz in der Nähe der Marienhöhe, neben der Schutzhalle am Weststrand, eine Hundewiese, auf der Hunde abgeleint werden dürfen. Eine weitere gute Gassi-Möglichkeit bietet sich hinter dem Deich zwischen Weststrand und Hafen auf der Wiesenfläche »Alter Fliegerhorst« ➡ aG4. Hier trifft man auch andere Menschen mit Hund – und schon ist für soziale Kontakte für Hund und Halter gesorgt. Damit solche und andere öffentliche Wiesen und Plätze nicht verunreinigt werden, sind an vielen Stellen der Stadt Behälter mit kostenlosen, biologisch abbaubaren Hundekotentsorgungsbeuteln, hier »Schietbüdel« genannt, aufgestellt.

Für den Hund wird keine Kurtaxe fällig. Wer mit der Fähre nach Norderney anreist, muss aber eine Gebühr von € 11,60 (Hin- und Rückweg) für den Vierbeiner bezahlen. Fahrradkörbe und -anhänger für große und kleine Hunde gibt es bei vielen Fahrradvermietungen zur Ausleihe. Nützliche Adressen:

Tierarztpraxis Solaro, mit Infos zur Hundepension bzw. Hundetagesstätte, Fischerstr. 8, ✆ (04 932) 822 18

Fellmonster & Co, der Hundeladen, Frisiastr. 17 (Ecke Jann-Berghaus-Str.), ✆ (04 932) 868 97 25

Nordfelle Hundetraining, Am Hafen 9, ✆ (04 932) 860 05 18, www.nordfelle-hundetraining.de

Inhabergeführtes Boutiquehotel mit 18 Zimmern direkt am Weststrand. Mit schöner Terrasse zur Strandpromenade und gutem Restaurant. Beheizter Meerwasserpool und Saunalandschaft sind vorhanden.

Hotel Ennen ➡ aD2
Luisenstr. 16 und
Damenpfad 22
✆ (049 32) 91 50
www.hotel-ennen.de
Vor allem das Haus am Damenpfad liegt schön und verfügt über Zimmer mit Seeblick. Die Zimmer des Gebäudes in der parallel verlaufenden Luisenstraße haben keinen Seeblick. Hunde auf Anfrage.

Hotel Haus Norderney ➡ aD3
Janusstr. 6
✆ (049 32) 22 88
www.hotel-haus-norderney.de
Elegant und licht eingerichtetes Hotel mit zehn individuell gestalteten Zimmern in einer alten Villa. Klein, aber fein und in zentraler Lage nahe des Kurtheaters. Fahrräder- und Saunanutzung. Keine Hunde gestattet.

Hotel Seehof ➡ aC2
Goebenstr. 2
✆ (049 32) 918 00
www.seehof-norderney.de
Hotel Garni mit kleinen Zimmern in ruhiger Lage ca. 100 m vom Strand. Mit eigenem Strandkorbverleih und Langschläfer-Frühstücksbuffet. Spezielle Arrangements für Reiter.

Hotel Seesteg ➡ aD1
Damenpfad 36 A
✆ (049 32) 89 36 00
www.seesteg-norderney.de
Eine historische Winterlagerhalle des früheren Seestegs wurde zum luxuriösen Designhotel mit nur 16 Zimmern umgebaut. Fast alle Zimmer haben raumhohe Fenster mit Blick aufs Meer. Ein beheizter Infinity-Pool von 20 Metern Länge, ein edles Beauty Spa und ein Restaurant mit Sterneküche runden das exklusive Vergnügen ab.

Inselhotel König ➡ aE3
Bülowallee 8
✆ (049 32) 80 10
www.inselhotel-koenig.de
Zentral gelegenes Haus mit insgesamt 184 Betten. Von der schö-

Bei vielen Herbergen liegt der Strand direkt vor der Haustür

nen Außenterrasse genießen die Gäste den Blick auf die lebendige Fußgängerzone.

Inselloft Norderney ➡ aD1
Damenpfad 37–40
✆ (049 32) 89 38 00
www.inselloft-norderney.de
Extravagantes Hotel in modernem Design, das u. a. Studios bietet, die über voll ausgestattete Küchen verfügen. Hohe Decken und luftiges Ambiente. Mit hauseigener Bäckerei. Tolle Lage direkt am Meer. Hunde in einigen Zimmern gestattet.

Pension Haus Weierts ➡ aD2
Kreuzstr. 8
✆ (049 32) 24 36
pension-haus-weierts.de
Persönlich geführter Familienbetrieb in einer ruhigen Nebenstraße in zentraler Lage. Mit Bibliothek und Gesellschaftsspielen. Keine Hunde gestattet.

Strandhotel Georgshöhe ➡ aC2
Kaiserstr. 24
✆ (049 32) 89 80
www.georgshoehe.de
An der Strandpromenade gelegenes Vier-Sterne-Hotel mit dem umfangreichsten Fitness- und Wellness-Angebot der Insel. Von Cardio Fitness bis zur Bocciabahn finden aktive Menschen hier alles, was das Herz begehrt. Dem hervorragenden Spa wurde 2013 die Bezeichnung »Original Thalasso-Zentrum« verliehen. Verschiedene Restaurants sorgen für kulinarische Freuden.

Thalasso–Hotel Nordseehaus
➡ aE3
Bülowallee 6
✆ (049 32) 88 44 11
Ursprünglich als Sommerresidenz für König Georg V. von Hannover erbautes Haus in zentraler Lage. In der Nordsee-Oase werden Thalasso-Fitness, -Wellness und -Kosmetik angeboten.

Apartments und Ferienwohnungen

Auf der Insel Norderney ist das Angebot an Ferienwohnungen und Apartments groß.

In den letzten Jahren sind viele Gästewohnungen modernisiert worden. War es früher noch so, dass die vom Vermieter abgelegte Couchgarnitur in die Ferienwohnung gestellt wurde, sind die Apartments heute eher neuer und schicker eingerichtet als die Privatwohnungen. Das schlägt sich auf die Preise nieder, die relativ hoch sind und je nach Saison stark schwanken. Nicht alle Häuser haben ganzjährig geöffnet.

Apartmenthaus Meeresburg
➡ aD1
Damenpfad 18
✆ (049 32) 80 90 oder 80 91 51
www.creutzenberg-norderney.de
Optimale Lage, nicht weit vom Weststrand und dem Stadtzentrum. Etwas angestaubte Einrichtung aus den frühen 1980er Jahren, aber z.T. Apartments mit schönem Blick aufs Meer. Für Norderneyer Verhältnisse relativ günstig. Mit Strandkorbvermietung, Schwimmbad- und Saunabenutzung. Frühstück buchbar. Hunde auf Anfrage.

2 bade:haus norderney ➡ aE2
Am Kurplatz 2
✆ (049 32) 89 13 00
www.badehaus-norderney.de
Ja, im bade:haus kann man tatsächlich auch wohnen. Im Bademantel aus dem Wasserbett direkt ins Badevergnügen – das hat was. Apartments für bis zu zwei Personen, die Preise beinhalten den Eintritt ins Bad und Frühstück im benachbarten Café Extrablatt.

Domizil Visser ➡ aD3
Winterstr. 25
✆ (049 32) 24 70
www.visser-norderney.de

Liebevoll eingerichtete Apartments in zentraler, aber ruhiger Lage. Allergikerfreundlich, daher keine Haustiere.

Haus Naase ➡ C10
Am Leuchtturm 8
✆ (049 32) 18 57
www.ferienhaus-naase.de
Im Osten der Insel, idyllisch direkt am Leuchtturm gelegene Ferienwohnungen, z. T. mit Sonnenterrasse. Hunde auf Anfrage.

Haus weitBlick ➡ B3
Emsstr. 4
✆ (049 31) 324 67 04 55, www.haus-weitblick-norderney.de
Vier hochwertig und geschmackvoll eingerichtete Ferienwohnungen in unmittelbarer Nähe zum Nordstrand. Hunde erlaubt.

Kiek Inn Ferienwohnungen ➡ aB7
Birkenweg 35 A
✆ (049 31) 97 43 21, www.norderney-fewo.de/start.htm
Einfach ausgestattete Ferienwohnungen für bis zu sieben Personen in ruhiger Lage, 250 m vom Nordstrand entfernt. Hunde auf Anfrage.

Sommerloft ➡ aD3
Winterstr. 8
✆ (04 21) 79 01 29 11
www.sommerloft.de
Die edel und geschmackvoll eingerichteten Ferienwohnungen liegen zentral in einer Seitenstraße der Jann-Berghaus-Straße. Hunde z. T. (im Untergeschoss) erlaubt.

Vier Häuser ➡ aB5
Emsstr. 7–9
✆ (049 32) 27 38
www.vierhaeuser.de
Größtenteils neu und geschmackvoll gestaltete Ein- bis Vier-Raum-Ferienwohnungen verteilt auf vier Häuser direkt hinterm Deich. Familienfreundlicher Service. Den Gästen stehen Fahrräder, Tischtennisplatte, Sauna u. v. m. zur Verfügung.

Jugendherbergen

Es gibt zwei Jugendherbergen auf Norderney. Allerdings benötigen die Gäste hier einen DJH-Ausweis (Informationen unter www.jugendherberge.de/mitgliedschaft).

Am Damenpfad gelegen, mit Seeblick: Apartmenthaus Meeresburg

»Um Ost« – in den Dünen gelegener Familien-Campingplatz

DJH Norderney ➡ aD4
Mühlenstr. 1
✆ (049 32) 84 09 00
www.jugendherberge.de
Ganzjährig geöffnet
Die neuere und modernere von den beiden Judgendherbergen. Familien- und rollstuhlgerecht eingerichtete Zimmer sind vorhanden. Die Jugendherberge liegt recht zentral im Ort. Zwei bis acht Betten stehen in den Zimmern. Nur mit Vollpension buchbar.

DJH Norderney Dünensender ➡ C7
Am Dünensender 3
✆ (049 32) 25 74
www.jugendherberge.de
Ganzjährig geöffnet
Idyllisch in den Dünen gelegene Jugendherberge, zu der auch ein Jugendzeltplatz gehört. Zwei- bis Zehn-Bett-Zimmer. Nur mit Vollpension buchbar.

Campingplätze

Campingplatz Eiland ➡ B12
Am Leuchtturm 10
✆ (049 32) 21 84
www.camping-eiland.de
Im Osten der Insel, in der Nähe der Bushaltestelle Oase und des FKK-Strandes gelegen. Hunde erlaubt.

Campingplatz Harms ➡ B12
Am Leuchtturm 11
✆ (049 32) 21 08
www.reiterhof-harms.de
Kleiner, familiärer Campingplatz auf dem Reiterhof Harms. Hunde erlaubt.

Campingplatz neycamping Spilak ➡ C11
Am Leuchtturm 9
✆ (049 32) 21 74
www.neycamping.de
Der Campingplatz liegt außerhalb des Stadtzentrums in der Nähe des Leuchtturms. Es gibt 40 Dauerstellplätze und einige Saisonplätze. Hunde und Pferde sind willkommen, Pferdeställe vorhanden. Langfristige Reservierung wird empfohlen.

Campingplatz Um Ost ➡ C8
Am Golfplatz 3
✆ (049 32) 618 oder 710
www.campingplatz-um-ost.de
Im Inselsüden, auf dem Weg vom Hafen zum Leuchtturm in den Dünen gelegener, schöner Familien-Campingplatz. Ruhe und Erholung wird hier sehr groß geschrieben. Tiere sind aus diesem Grund nicht gestattet. ■

Essen und Trinken
Restaurants, Strandlokale, Cafés

Die gastronomische Vielfalt auf Norderney ist enorm. Ob frühes oder spätes Frühstück, hochwertiges Streetfood, herrliche Kuchenauswahl zu Tee oder Kaffee oder ein lukullisches Abendessen – um Hunger oder Appetit jeglicher Art zu stillen, findet man auf der Insel genau das Richtige. Auch vegetarischen/veganen Ansprüchen wird das Angebot immer häufiger und kreativer gerecht.

Im Folgenden kann nur eine Auswahl vorgestellt werden. Es bleibt also viel Raum, selber auf kulinarische Entdeckungstour zu gehen.

Restaurants

Fischspezialitäten:

Naturgemäß werden auf einer Insel mehr Fisch und Meeresfrüchte gegessen als auf dem Festland. Auf Norderney besonders gern die kleinen, Granat genannten Krabben. Es überrascht also wenig, dass fast alle Norderneyer Restaurants frischen Fisch anbieten. Hier eine Auswahl von Betrieben, die ihren Fokus ausdrücklich auf die Zubereitung von Fisch gelegt haben:

Die bei den Restaurants angegebenen Preiskategorien beziehen sich auf den durchschnittlichen Preis für ein Abendessen ohne Getränke.

€ – bis 20 Euro
€€ – 20 bis 40 Euro
€€€ – über 40 Euro

Fischgeniesserei ➡ aC3
Knyphausenstraße 9
✆ (049 32) 93 66 55
www.fischgeniesserei.de
Auf dem Weg zum Nordstrand gelegener Edel-Fischimbiss mit Sonnenterrasse. Kleine Fischgerichte und eine besondere Auswahl von Fischbrötchen. Dem Thema Nachhaltigkeit wird große Aufmerksamkeit geschenkt. €€

Norderneyer Fischmann ➡ aE6
Jann-Berghaus-Str. 24
✆ (049 32) 93 44 57
www.norderneyer-fischmann.de
Frische Granat- und Fischbrötchen auf die Hand. Aber auch frischer Fisch, um ihn zu Hause selbst zuzubereiten. €

Riffkieker ➡ aB4
Am Januskopf 9
✆ (049 32) 99 10 23
www.riffkieker.de
Direkt am Nordstrand werden neben anderen inseltypischen Gerichten Kabeljau, Labskaus und hausgemachte Krabbensuppe serviert. Auch das Frühstücksangebot kann sich sehen lassen. €–€€

Taucher ➡ aD2
Bäckerstr. 4
✆ (049 32) 768 96 48, www.facebook.com/tauchernorderney
Restaurant mit kleiner, aber feiner Karte. Hier dreht sich alles um frischen Fisch, überwiegend aus nachhaltiger Fischerei. €€

Exklusive Preiskategorie (€€€):

Müllers Norderney ➡ aE2
Am Weststrand 3–4
✆ (049 32) 521 99 09
www.nelson-mueller.de
seit 2023 hat der bekannte Koch Nelson Müller auch auf Norderney eine Brasserie der gehobenen Klasse eröffnet. Zu finden ist es im »Hotel 1884« am Weststrand mit wunderbarem Meerblick.

N'eys ➡ aC2
Im Strandhotel Georgshöhe
Kaiserstr. 24
✆ (049 32) 89 84 04
www.georgshoehe.de
Ausgezeichnet: Das N'eys wird im Gault Millau mit 13 Punkten und einer Kochmütze geführt. Gehobenen Ansprüchen wird hier in angenehmer, moderner Atmosphäre Genüge getan mit bestem Blick auf den Sonnenuntergang am Meer. Interessant ist auch die Weinkarte. Reservierung wird empfohlen.

Restaurant Seesteg ➡ aD1
Im Hotel Seesteg, Damenpfad 36 A
✆ (049 32) 89 36 35
www.seesteg-norderney.de
Die historische Winterlagerhalle des früheren Seestegs wurde zum Design-Hotel mit erstklassigem Restaurant umgestaltet. Es bietet außer einer mit einem Michelin-Stern und mit 15 Gault Millau-Punkten gekürten Spitzenküche auch eine spektakuläre Aussicht auf die Nordsee. Reservierung wird empfohlen.

Mittlere Preislage (€€):

Da Sergio ➡ aE2
Damenpfad 12, Ecke Strandstr.
✆ (049 32) 700
www.dasergio.net
Sehr modern gestaltetes, kinderfreundliches italienisches Restaurant mit wechselnder Tageskarte und guten Pasta-Standards zu fairen Preisen. Die Spaghetti con Scampi sind beispielsweise wirklich empfehlenswert. Wer einen Platz draußen ergattert, kann dem Treiben auf der Flaniermeile Strandstraße zuschauen. Reservierung ist angeraten.

Der kulinarische Klassiker: das Fischbrötchen

De Leckerbeck ➡ aD2
Schmiedestr. 6
✆ (049 32) 99 07 53
www.leckerbeck-norderney.de
Im Gebäude der ehemaligen Synagoge befindet sich dieses

Die kleinen Nordseekrabben werden auch Granat genannt

Hotspot zur Sonnenuntergangspartyzeit: die Milchbar

moderne Restaurant mit windgeschützter Dachterrasse. Die Karte geht auch auf individuelle (z. B. Diät-) Bedürfnisse ein. Gutes Preis-Leistungs-Verhältnis. Abends sollte man reservieren.

Friesenschänke im Hotel Friese ➡ aD2
Friedrichstr. 34
✆ (049 32) 80 20
www.hotel-friese.de
Urig und echt friesisch geht es in dem gemütlichen Lokal auch auf der Speisekarte zu. Nordseescholle mit Bratkartoffeln oder Tante Friedas Schweinebraten an Dunkelbiersauce sind hier die Spezialitäten.

Gute Stube ➡ aD1
Damenpfad 20
✆ (049 32) 80 91 91
www.gutestube.de
Die gute Stube der Villa Breeksee. Seit 2018 gibt es in modern-klassischem Ambiente klassisch-moderne Speisen, überwiegend saisonal und regional. Besonders ist das »Menü des Tages«.

La Mer ➡ aE3
Im Thalasso-Hotel Nordseehaus
Bülowallee 5
✆ (049 32) 88 33 33
www.la-mer-norderney.de
In dem 2023 eröffneten Restaurant wird moderne französische Fusionsküche auf hohem Niveau geboten.

Leib und Seele ➡ aD2
Im Hotel König
Bülowallee 8, Eingang Poststr.
✆ (049 32) 80 10
www.inselhotel-koenig.de
Modern und einladend gestaltetes Restaurant mit einer großen Sonnenterrasse. Interessante Variationen bekannter Gerichte, frischer Fisch und Fleisch, Flammkuchen und eine Karte speziell für Kinder. Eine große Auswahl an deutschen Weinen.

Möwchen ➡ aE2
Strandstr. 2
✆ (049 32) 93 49 30
www.haus-kaiser-franz-josef.de
Uriges Restaurant mit Kachelofen und norddeutscher Küche, familiärer Atmosphäre und liebevoll gestalteter Kinderkarte.

Untere Preiskategorie (€):

Dinos Pizza ➡ aD2
Herrenpfad 23, Ecke Jann-Berghaus-Straße
✆ (049 32) 818 66
Klitzekleine Stehpizzeria mit wirklich köstlicher Pizza. Warte-

zeiten und Pizza zum Mitnehmen sollte man einkalkulieren, da meistens viel los ist und die Plätze an den Stehtischen rar sind.

Hanoi Bistro ➡ aD3
Winterstr. 21
✆ (049 32) 84 02 75
Frische, schnelle asiatische Küche, freundlich serviert, und das zu vernünftigen Preisen. Alle Speisen auch zum Mitnehmen, ab € 15 wird geliefert.

Meine Meierei ➡ aB8
Lippestr. 24
www.meine-meierei.de
Familienfreundliches Café und Restaurant mit fairen Preisen, freundlicher Bedienung und gemütlichem Ambiente. Angeschlossen ist ein Lädchen mit Produkten aus eigener Herstellung.

Restaurant Mai ➡ aD3
Jann-Berghaus-Str. 19
✆ (049 32) 27 43
www.mais-king-restaurant.de
Gut und günstig isst man hier seit über 50 Jahren. Zentral gelegen. Alle Speisen gibt es auch zum Mitnehmen.

Strandlokale

Cornelius ➡ aB5
Am Nordstrand 3
✆ (049 32) 467 21 33
Direkt am Nordstrand gelegenes, sehr modern gestaltetes Strandrestaurant. Schöne Terrasse mit Blick auf die See. Nachmittags gibt es leckeren Kuchen und Eis aus der eigenen Manufaktur, abends mediterrane Küche, gute Fischgerichte und mehr. Sehr umfangreiche Getränkeauswahl. Abends sollte man reservieren.

Dazu gehört auch die gemütlich-schicke Austernbar in der ehemaligen Badehalle, in der man abends auf zwei Ebenen dabei zusehen kann, wie die Sonne im Meer versinkt. Die legendären Fischbrötchen schmecken hervorragend. Außerdem Ferienwohnungen, zum Teil mit Seeblick.

Giftbude ➡ aF2
Am Weststrand 2
✆ (049 32) 99 13 72
www.giftbude.de
Keine Angst, trotz des Namens muss hier niemand um seine Gesundheit fürchten. Im Vorläufer des heutigen Restaurants, dem Herrenpavillon, wurden im 19. Jh. sogenannte Insulanertage von der Kurverwaltung angeboten. Und da hieß es bei der Bevölkerung: »Door gift een in´t Bud« (ungefähr: »Da wird einer ausgegeben in der Bude.«). Dies wird wohl dem heutigen Restaurant seinen Namen gegeben haben. Den neapolitanischen Koch merkt man der guten Pizza an, es kommt aber auch frischer Fisch auf den Tisch. Solides Preis-Leistungs-Verhältnis und ein wunderbarer Seeblick von der großen, windgeschützten Terrasse.

5 Milchbar ➡ aD1
Damenpfad 33
✆ (049 32) 92 73 44
www.milchbar-norderney.de

Windgeschützte Terrasse: die Giftbude am Weststrand

Inmitten der Dünenlandschaft des Oststrandes liegt das Restaurant Weisse Düne mit seiner schönen Terrasse

Ein Hotspot zur Sonnenuntergangszeit. Leider mit Selbstbedienung, weshalb es oft zu langen Warteschlangen kommt. Innen und außen wunderschön eingerichtet, mit spektakulärem 270-Grad-Blick auf die Nordsee und besagten Sonnenuntergang. Leckere Kleinigkeiten aus guten Zutaten. Milch kommt nicht nur in die Milchgetränke, sondern z. B. auch in den Milchreis. Die Preise sind nicht günstig. Die Milchbar ist jedoch auf jeden Fall »a place to be«!

Surfcafé ➡ aB3/4
Am Januskopf 9
✆ (049 32) 93 57 50
www.surfcafe.info
Seit den 1990er Jahren ist das Surfcafé am Januskopf Kult. Bis spät in die Nacht treffen sich hier (nicht nur) Surfer auf der Terrasse oder drinnen in der »Sandburg«, Teil des neuen skandinavischen Chics. Die Karte ist einfach, lecker und preiswert. Frühstück für Langschläfer und Sanddornspezialitäten werden hier ebenso angeboten wie ein Korb mit Köstlichkeiten für ein Picknick.

9 Weisse Düne ➡ A8
Weiße Düne 1
✆ (049 32) 93 57 17
www.weisseduene.com
Sehr schöne Lage in den Dünen des **Oststrandes**. In perfektem Ambiente bietet das Restaurant tagsüber nette Kleinigkeiten mit Pfiff, z. B. leckere Süppchen zu nicht wirklich familienfreundlichen Preisen, und abends eine gute, gehobene Küche und ebensolche Weine zu entsprechend anspruchsvollen Preisen. Leider ist der Service oft etwas überfordert. Nur Barzahlung möglich. Abends sollte man reservieren. Unter dem Titel: »Weisse Düne & Friends« werden interessante und unterhaltsame Wein-Verkostungen angeboten. Da das Restaurant ganzjährig geöffnet ist, kann man sich hier auch nach einem langen Strandspaziergang im Winter am gemütlichen Kamin bei einer Tasse Tee oder einem Glühwein wunderbar aufwärmen.

Cafés

Café Mumpiz ➡ aD3
Jann-Berghaus-Str. 20
✆ (049 32) 868 97 79
Sehr nettes, unspektakuläres, kleines Straßencafé mit guten Kaffeespezialitäten (auch vegan) und vernünftigem Preis-Leistungs-Verhältnis.

Die Kaffeegeniesserei ➡ aC2
Bismarckstr. 5
✆ (049 32) 93 66 33
www.kaffeegeniesserei.de
Hübsch eingerichtetes Café mit vielen Kaffee- und Teespezialitäten, Frühstück, Smoothies, Kuchen und Panini. Außerdem müllsparende Pfandthermobecher für den »Coffee-to-go«.

Friedrich ➡ aD2
Friedrichstr. 18
✆ (049 32) 86 89 80
www.friedrich-norderney.de
In dem im Landhaustil eingerichteten Café kann man leckeren selbst gebackenen Kuchen genießen, draußen mit Blick auf das bunte Straßentreiben. Serviert wird auch Frühstück und Abendessen. Qualitativ in Ordnung, aber nicht preiswert.

Marienhöhe ➡ aD1
Damenpfad 42
✆ (049 32) 686
www.marienhoehe-norderney.de
Weithin sichtbarer, historischer Pavillon mit schöner Rundum-Terrasse. 1923 wurde der ursprünglich hölzerne Pavillon durch einen Steinrundbau ersetzt. Schon Heinrich Heine und ein paar Jahre später Königin Marie von Hannover, daher der Name, sollen hier gesessen und die Aussicht auf die Nordsee genossen haben. Nachdem dieses signifikante Gebäude eine Zeitlang leer stand, wurde es inzwischen aufwendig und stimmig bis zum kupfernen Kuppeldach renoviert und ist wieder ein »Place to be« auf Norderney. Vom Frühstück bis zum Sundowner wird hier alles geboten.

Meer Waffel ➡ aD2
Poststr. 6
✆ (0173) 273 08 10
Hier locken viele süße und herzhafte Waffel- und Crêpe-Kreationen, die einem schon durch ihren verführerischen Duft das Wasser im Mund zusammenlaufen lassen. Zudem Softeis nach original dänischer Rezeptur mit leckeren Soßen und Toppings. ■

Kaffee und Kuchen mit Meerblick auf der Terrasse rund um den historischen Pavillon: Café Marienhöhe

Nightlife
Bars und Kneipen

Im Gegensatz zu anderen Ostfriesischen Inseln und auch vielen Nordseeorten auf dem Festland hat Norderney durchaus ein attraktives Nachtleben zu bieten. Hier können Jung und Alt je nach Saison bis in die frühen Morgenstunden feiern. Ob Cocktails oder lieber ein Bierchen, Musik und Tanz – für alles ist gesorgt. Der Ort ist klein und so stolpert, wer will, in der Innenstadt direkt hinein ins Vergnügen.

Beach Club ➡ aE2
Strandstr. 2, neben dem Restaurant Möwchen
✆ (049 32) 93 49 30
www.haus-kaiser-franz-josef.de
Hier können Jung und Alt bis in die frühen Morgenstunden das Tanzbein schwingen. Mit Cocktails und kleinen Speisen zu später Stunde.

Fischerkate ➡ aE3
Im Hotel König
Bülowallee 8, Eingang Poststraße
✆ (049 32) 80 10
www.inselhotel-koenig.de
Moderne, gemütliche Lounge-Bar. Gut besucht und z.T. mit DJ, wichtige Fußballspiele werden auf Großbildleinwand gezeigt.

Goode Wind ➡ aD3
Gartenstr. 58 A
✆ (049 32) 32 62
www.goode-wind.de
Beliebte Bar und Kneipe mit gemütlicher Atmosphäre und einer guten Auswahl an Cocktails.

Auf dem White Sands Festival 2019

Haifischbar ➡ aD3
Osterstr. 6
✆ (049 32) 93 47 99
Urig-maritime Kneipe mit freundlichen Wirtsleuten in der man auch mal unter Norderneyern sitzen kann und zusammen ein frisch gezapftes Bier trinkt.

Norderney Treff ➡ aD2
Friedrichstr. 17
✆ 0160-333 33 22
Besonders bei vielen Gästen aus dem Ruhrgebiet beliebte Fankneipe des Vereins Schalke 04. Trinken kann man hier neben Pils auch Kölsch.

Norderneyer Brauhaus ➡ aD1
Damenpfad 5
✆ (049 32) 93 50 87
www.norderneyer-bier.de
Norderneyer Pils oder Weizen, gebraut mit echt Norderneyer Wasser direkt aus der Süßwasserblase unter der Insel. Während der Sommersaison auch am Weststrand.

Pasadena ➡ aD2
Kirchstr. 17
Ein bunt gemischtes Publikum amüsiert sich hier mitunter bis in die frühen Morgenstunden. Eine Besonderheit sind die Gin-Verkostungen.

Große Freiheit ➡ aD2
Wedelstr. 1, Ecke Poststr.
✆ 0177 415 70 08
Der Name ist Programm. Ab und an Livemusik. Kleine Imbisskarte. Auch tagsüber geöffnet und meist gut besucht. ■

Auf der Promenade kann man gut Schiffe und Boote beobachten

Im plüschigen Ambiente der vorletzten Jahrhundertwende: der prächtige Aufführungsraum des Kurtheaters

Kultur und Unterhaltung
Konzerte, Theater, Bücher

Auch was kulturelle Veranstaltungen angeht, hat Norderney relativ viel zu bieten. Vor allem in der Hauptsaison werden Insulanern und Besuchern neben den aktuellen Kinofilmen Comedy, Lesungen, Konzerte und Kleinkunst geboten. Dabei tauchen auch immer wieder bekannte Namen auf; Jan Delay, Max Giesinger oder Markus Maria Profitich sind nur einige davon. Außerdem gibt es jede Menge Open-Air-Veranstaltungen wie die mehrmals wöchentlich stattfindenden Promenadenkonzerte (vgl. Feste, Veranstaltungen, S. 83 ff.). Es werden aktuelle Musicals gezeigt und ebenso Heimatabende veranstaltet, organisiert vom Heimatverein Norderney, mit Inselfolklore, Shanties und Volkstänzen. Die Termine werden sowohl im täglich erscheinenden *Norderneyer Morgen* als auch im Veranstaltungskalender der Tourist Information und unter www.norderney.de bekannt gegeben.

Conversationshaus ➡ aE2/3
Am Kurplatz 1
Das Conversationshaus ist auch mehr als 200 Jahre nach seiner Entstehung Mittelpunkt des kulturellen Lebens der Insel. Im Großen Saal und im Weißen Saal finden Vorträge sowie viel Kleinkunst und andere Aufführungen

statt. Am 31. Dezember wird hier mit dem großen Silvesterball das alte Jahr festlich verabschiedet und das neue fröhlich begrüßt.

Bibliothek im Conversationshaus ➡ aE2/3
Am Kurplatz 1
✆ (049 32) 89 12 96
www.bibliothek-norderney.de
Die Bibliothek mit ihren schönen Räumlichkeiten und einem vielfältigen Angebot lädt sowohl Norderneyer als auch Gäste aller Altersstufen zum Verweilen ein. Eine Auswahl von ca. 6000 Büchern sowie Hörbücher, DVDs und andere Medien stehen zur Verfügung. Im historischen Ambiente der Bibliothek und des angrenzenden Lesesaals lässt es sich in aller Ruhe stöbern. Ab und an finden hier auch Veranstaltungen statt.

Kurtheater ➡ aD/aE3
Am Kurtheater
✆ (049 32) 89 14 90 oder über die Tourist Information ✆ (049 32) 89 11 31
Im wunderschönen, historischen Kurtheater werden Theater- (www.landesbuehne-nord.de) und Kleinkunstaufführungen geboten, außerdem fungiert es seit den 1920er Jahren auch als Kino. Während der Saison laufen hier regelmäßig aktuelle Filme für Kinder und Erwachsene. Im Mai/Juni gibt es Vorstellungen mit Spiel- und Kurzfilmen im Rahmen des Internationalen Filmfestes Emden-Norderney. Im Foyer befindet sich die entspannte Atelier Art & Bar.

Musikpavillon/Konzertmuschel ➡ aE2
Kurplatz
Hier kann man nicht nur, aber auch klassische Konzerte open air genießen. Mittlerweile wird ein sehr buntes Programm zu Gehör gebracht. In den Sommermonaten wird hier regelmäßig Kurmusik gemacht. ■

Klassik Sommer Norderney: Konzert Am Januskopf

Shopping
Bücher, Mode, Spezielles, Geschenkartikel

Was Norderney von den übrigen Ostfriesischen Inseln unterscheidet, ist vor allem sein urbaner Bad-Charakter. Der spiegelt sich nicht nur in der Vielfältigkeit des Gastronomieangebots, sondern ebenfalls in den mannigfaltigen und teilweise durchaus exklusiven Einkaufsmöglichkeiten. Ob Mode, Bücher, Sanddornspezialitäten oder andere Souvenirs, für jeden Geschmack ist etwas dabei. Der überwiegende Teil der Geschäfte ist noch inhabergeführt und während der Mittagszeit von 13 bis 15 Uhr geschlossen und samstags nur bis 13 Uhr geöffnet. Während der Hauptsaison haben viele Läden abends etwas länger als bis 18.30 Uhr (z. T. bis 22 Uhr) und auch sonntags einige Stunden geöffnet.

Bücher

Thalia Norderney ➡ aD2
Poststr. 12
✆ (049 32) 991 20 69
Zentral gelegene und gut sortierte Buchhandlung (ca. 400 m^2). Hier erhält man Lesetipps zu blutigen Krimis, schönen Romanen oder ansprechender Kinder- und Jugendliteratur sowie eine große Auswahl an Literatur über Norderney und die Region. Sollte etwas nicht am Lager sein, kann fast alles innerhalb eines Werktages bestellt werden. Außerdem gibt es eine große Auswahl an Ansichts-, Post- und Glückwunschkarten sowie Geschenkartikel. Ab und zu wird bei der Aktion »Lisa liest« vor der Tür bei den Bronze-Robben für die Kleinen vorgelesen.

Mode

Efeé ➡ aE2
Strandstr. 13
✆ (049 32) 93 57 60
www.edda-faerber.de
Dieser Laden überzeugt mit einer großen Auswahl an Bekleidung, auch in großen Größen. Dazu Modeschmuck, Hüte, Schals und Taschen. Eine weitere Filiale ist im ehemaligen Postgebäude (Poststr. 1) untergebracht.

Freunde der Sonne ➡ aD/aE2
Poststr. 10
✆ (0152) 33 92 65 24
Ausgefallene und nachhaltige Kindermode, etwas abseits des Mainstreams und mit kompetenter Beratung.

Hein & Hutsie ➡ aD2
Bismarckstr. 8
✆ (049 32) 92 71 40
www.norderneyboutique.de
Outdoorbekleidung aller Art und in allen Preislagen gibt es seit mehr als 30 Jahren direkt am Kaiser-Wilhelm-Denkmal.

Hüte & Mützen Medebach ➡ aE2
Damenpfad 11, Ecke Strandstr.
✆ (049 32) 86 97 16
www.hut-mode.de
Traditionsreiches Spezialgeschäft mit beeindruckender Auswahl an Kopfbedeckungen jeglicher Art und kompetenter Beratung.

Impuls ➡ aD2
Jann-Berghaus-Str. 76
✆ (049 32) 837 39
Alles rund um den maritimen Look für die ganze Familie, inklusive Accessoires.

Jack Wolfskin Store ➡ aD2
Strandstr. 4
✆ (049 32) 93 46 32
www.jack-wolfskin.com

Beliebter Laden für Outdoorbekleidung, die einem auch an den Menschen auf der Insel überall begegnet.

Karla Müller Norderney ➡ aE2
Adolfsreihe 1
✆ (049 32) 467 19 32
Kleine, von Mutter und Tochter geführte Boutique am Kurplatz.

Kindermode Kunterbunt ➡ aD2
Jann-Berghaus-Str. 20
✆ (049 32) 99 01 63
www.kindermode-kunterbunt.de
Weniger exklusiver Laden, der aber mit einer großen Auswahl punktet.

Krebs am Meer ➡ aD2
Poststr. 2
✆ (04932) 86 00 45
www.krebs-am-meer.com
Großes Angebot an Strickmode und Accessoires von Taschen und Schals über Gürtel und Schmuck bis zu Hüten und Mützen.

Lady & Lord ➡ aD/aE2
Poststr. 15
✆ (049 32) 24 24
Im Angebot ist hier eher klassische Mode, auch in großen Größen. Hochwertige Schuhe gibt es in der Filiale in der Jann-Berghaus-Str. 8 ➡ aD2.

Lingerie am Meer ➡ aC2
Bismarckstr. 7
✆ (049 32) 868 97 20
www.lingerieammeer.de
Schöne Dessous, aktuelle Bade- und Strandmode, sowie kuschelige Homewear.

Mannefeld ➡ aE2
Strandstr. 26
✆ (049 32) 29 94
www.mannefeld.com
Traditionsgeschäft mit Schwerpunkt auf klassischer, lässig-eleganter Herrenkleidung, ebensolche Damenmode ist auch im Angebot. Alles in einem angenehmen Ambiente.

»Shoppingmall« Norderney: Einkaufserlebnis in der Friedrichstraße

Ob Fruchtsäfte, Marmeladen oder Hautpflegeprodukte, die Sanddorn-Produktpalette ist groß

Modegeschäft mia coprian ➡ aD2
Friedrichstr. 26
✆ (049 32) 20 00
www.mia-coprian.de
Das Thema Nachhaltigkeit spielt bei der Auswahl der Labels eine große Rolle. Eine eigene Kreation ist das Inselshirt aus Bio-Baumwolle mit dem Kap als Motiv.

Munke & Skerhut ➡ aD2
Kirchstr. 14
✆ (049 32) 991 30 29
www.munke-skerhut.de
Ein modern-maritimer Look bestimmt das Angebot dieses Modeladens.

Pomp ➡ aD2
Poststr. 1
✆ (049 32) 93 51 59
www.pompwow.com
Im historischen Ambiente der alten Post gibt es nun trendiges Schuhwerk. Mit eigener Kollektion außergewöhnlicher Modelle.

Quadro ➡ aD2
Friedrichstr. 31
✆ (049 32) 93 50 90
www.quadro-norderney.de
Junge Mode in einem modern gestalteten Ladenlokal im alten Rathaus. Mit Dependance »Q zwei« in der Strandstr. 9.

Schietwetter ➡ aE2
Adolfsreihe 6
www.schietwetter.de
Ostfriesischer Spezialist für Schlechtwetterbekleidung, die man an der Nordsee durchaus mal brauchen kann.

Strand – Mode am Meer ➡ aD2
Friedrichstr. 13
✆ (049 32) 934 40
www.strand-norderney.de
Angesagte Streetwear von G-Star, Napapijri, Nümph, Pepe Jeans, Rules by Mary, Saint Tropez, twist & tango, etc. Cooles Ladendesign.

Surf & Fashion ➡ aE2
Luisenstr. 8/Strandstraße
✆ (049 32) 525, www.esurf.de
Seit über 20 Jahren trendige und sportliche Kleidung sowie Accessoires. Auf der Website mit Onlineshop gibt es einen Link zur Internetseite des Norderneyer Weltklasse-Surfers Bernd Flessner.

Spezielles

Bittersüss Norderney ➡ aD2
Strandstr. 7
✆ (049 32) 498 04 26
www.bittersuess-norderney.de
Schon draußen duftet es nach frisch gerösteten Kaffeebohnen aus aller Welt. Kaffeerösterei und Café mit herrlichen selbstgebackenen Kuchen.

Inselmanufaktur ➡ aD2
Friedrichstr. 16
✆ (049 32) 93 46 05
www.inselmanufaktur.de
Metzgerei mit Schinken und Dauerwurstspezialitäten, z. B. Sanddornschinken oder Nordseesalami. Nebenan findet man (ess- und trinkbare) Mitbringsel. Schöne Präsentverpackungen

Sanddorn

Der dornige Sanddornstrauch stammt ursprünglich aus Tibet, wo man sich schon lange seiner nützlichen Wirkung bedient. Hierzulande gedeiht die Pflanze besonders auf den sandigen Böden der Inseln an der Nord- und Ostseeküste. Die auffallenden orange- bis kirschroten Beeren, die übrigens nur die weiblichen Pflanzen Ende August hervorbringen, sind besonders reich an Vitaminen (ACE-Komplex) und enthalten außerdem viele Mineralstoffe und Spurenelemente. Da die Pflanzen keine auffallenden Blüten bilden, interessieren sich Bienen nicht für sie. Das ist auch der Grund, weshalb Honig immer nur mit aber nicht aus Sanddorn angeboten wird. Vom Fruchtaufstrich über die Lippenpflege bis zum Sanddorn-Grappa findet man auf Norderney in mehreren Geschäften eine große Auswahl an Sanddornprodukten, z. B. im ältesten Sanddornladen der Insel in der Gaststätte »Am Leuchtturm« sowie in weiteren Läden in der Friedrich- und Strandstraße. Im bade:haus norderney kann man sogar ein entspannendes Bad in Meerwasser mit Sanddornöl nehmen.

Sanddorn gedeiht auf den sandigen Böden der Inseln an der Nord- und Ostseeküste

und -körbe oder Kochbücher mit Zeichnungen des Künstlers Ole West. Neu hinzugekommen sind besonders feine Teesorten unter dem Namen »MeerGenuss«.

Norderneyer Sanddorn-Stübchen ➡ aD2
Friedrichstr. 28
✆ (049 32) 811 88
www.sanddorn-stuebchen.de
Von Tee über Confiserie bis zu Kosmetikprodukten gibt es hier alles aus oder mit Sanddorn. Sogar die Fahrräder vor der Tür sind sanddornfarben. Verkauft wird auch über einen Onlineshop.

Norderneyer Zuckerhuus ➡ aE2
Strandstr. 17
✆ (049 32) 93 45 19
Bunte, süße Welt für Naschkatzen. Ob Lebkuchenherzen für die daheimgebliebene Liebste, Muschelkonfekt oder Lollis, die Auswahl scheint endlos zu sein. Filiale in der Frisiastr. 17/Jann-Berghaus-Straße ➡ aD3 u. a. mit (Meeres-) Lakritz und Fruchtgummi.

Solaro ➡ aD2
Friedrichstr. 27
✆ (049 32) 21 94
www.solaro.de
In dem schönen und gut besuchten Geschäft verkauft das Ehepaar Solaro Norderneyer und andere ostfriesische Spezialitäten.

Teeambiente ➡ aD2
Poststr. 3
✆ (049 32) 36 81
www.teeambiente.com
Dieser kleine Teeladen bietet nicht nur eine Riesenauswahl an feinstem Tee, sondern auch chinesisches Porzellan, u. a. mit Norderney-Motiven, oder Keramik aus Portugal und alles, was man so benötigt, um das pas-

Für große und kleine Schleckermäuler: Norderneyer Zuckerhuus

sende Ambiente fürs Teetrinken zu schaffen. Mit Onlineshop.

Weltladen Regenbogen ➡ aD2
Kirchstr. 11
im Martin-Luther-Haus
✆ (049 32) 792
Fair gehandelte Waren aus aller Welt kann man hier dank ehrenamtlicher Unterstützung aus der evangelischen Kirchengemeinde erwerben.

Windgeflüster ➡ aD2
Kirchstr. 15
✆ (049 32) 93 53 38, www.drachenladen-windgefluester.de
Auf 50 m² Ladenfläche gibt es hier alles rund um den Drachensport, den man an der See natürlich besonders gut ausüben kann.

Wochenmarkt ➡ aD3
Adolfsreihe/Bülowallee
Hier werden frischer Fisch, Obst und Gemüse, Blumen und allerhand Selbstgemachtes, z. B. Konfitüre und mediterrane Spezialitäten, angeboten. Im Winter nur mit eingeschränktem Angebot.

Geschenkartikel

Atelier Waterkant ➡ aD3
Jann-Berghaus-Str. 70
✆ (049 32) 467 00 21
www.atelierwaterkant.de
Kreative maritime Souvenirs, aber auch schön Praktisches. Personalisierte Prints auch online.

Meine Insel ➡ aE2
Kurplatz 1
✆ (049 32) 89 11 69
shop.norderney.de
Im Conversationshaus gelegenes, kleines Andenkenlädchen. Vom Strandkorb, über Schmuck bis zum Regenschirm mit Strandpanorama gibt es hier originelle Souvenirs und Mitbringsel. Selbst an den Inselhund ist gedacht. Mit Onlineshop, in dem man sogar eine Thalasso Seife mit echtem Norderneyer Schlick bestellen kann!

Moi Reev ➡ aC3
Benekestr. 50
✆ (049 32) 21 01
www.moi-reev.de
Der Name bedeutet »schöne Sachen«, und die gibt es hier für Haus und Garten, aber auch Schmuck und Accessoires wie Taschen und Schals in kleiner aber feiner Auswahl.

Sehstücke ➡ aD2
Friedrichstr. 29
✆ (049 32) 99 14 14
www.sehstuecke.de
Fachgeschäft für alles, was der Drachen-Fan sucht, inklusive Kitesurfkurse. Passend hierzu sportliche, funktionelle Mode für die ganze Familie.

Warnkens Gedöns/Plan'N ➡ aD3
Jann-Berghaus-Str. 71
✆ (049 32) 991 05 30
Die Einrichtungsexeperten bieten feinste (Gardinen-)Stoffe, Polsterungen und Innenausbau-Beratung an. Nebenan gibt es Wohnaccessoires aus dem eigenen Atelier und geschmackvollen Schnickschnack. ■

Mit Kindern auf Norderney
Kino, Sternwarte, Sport und Spiel, Rundfahrten und Wanderungen

Norderney tut viel für seine kleinen Gäste. Seit 2011 wird sogar ein/e Kinderkurdirektor/in mit einem eigenen Budget für Kinderveranstaltungen gewählt, der/die dafür sorgt, dass die Insel (noch) kinderfreundlicher wird. Für Kinder ist viel los auf Norderney – bei jedem Wetter. Schließlich sorgen ausgelastete, glückliche Kinder für entspannte, glückliche Eltern.

Drachen steigen lassen, zum Beispiel, funktioniert auf einer windigen Nordseeinsel natürlich wunderbar. Drachenläden mit fantasievollen Exemplaren finden sich auf der Friedrichstraße und in der Kirchstraße. Nicht zu vergessen bei »Schnieder Souvenirs« am Kurplatz. Hier gibt es Spielwaren für drinnen und draußen, für Groß und Klein. Leckeres, regional produziertes Frieseneis in kreativen Geschmacksrichtungen gibt es am Kurpark und in der »Weissen Düne«.

Fahrrad- oder Longboardfahren macht bei den kurzen Wegen und auf den Dünenpfaden und Deichen besonderen Spaß. Die Insel bietet 26 Kilometer Radwege und viele Fahrradverleihe. Rücksicht auf andere, seien es Fußgänger oder die Natur, ist dabei unerlässlich für ein friedliches Miteinander.

Und dann gibt es auf der Insel Norderney natürlich **Strand**, Strand und nochmal Strand … – buddeln, bauen, Abenteuer erleben, Muscheln und andere Schätze suchen und finden (auf www.beachexplorer.org kann man Strandfunde melden und bestimmen) und ab und zu ins Wasser springen, Fische und andere Meerestiere fangen (und wieder in die Freiheit entlassen), schwimmen und toben.

Besonders beliebt bei Familien mit Kindern ist der Weststrand wegen seiner schwächeren Brandung. Zudem hat man hier eine gute Sicht auf alle Schiffe, die den Norderneyer Hafen anfahren oder verlassen. Hier gibt es einen von acht Spielplätzen der Insel mit Klettergerüsten, Schaukeln und einem Piratenschiff. Weitere Spielplätze findet man am Nordstrand, am Alten Horst, an den Schulen, Up Süderdün, in der Südhoffstraße und am und im Kap Hoorn. Hier und am Nordstrand (Badehalle), sowie an anderen, wechselnden Orten, finden in der Saison überwiegend kostenlose Animationsprogramme für Kinder statt. Angeboten werden vor allem Ball- und andere Bewegungsspiele.

Kino, Sternwarte

Kino ➡ aD/aE3
Im Kurtheater
✆ (049 32) 89 14 90
In der Saison u. a. Kinderfilme.

Wilhelm-Dorenbusch-Sternwarte ➡ aC5
An der Bürgermeister-Willi-Lührs-Str., nahe Norderneyer Kap
Info: Ralf Ulrichs ✆ 0176-24 92 82 09
www.sternwarte-norderney.de
Führungen Di und Mi
Kein Einlass unter 7 J.
Interessant und informativ: Führung, Vortrag und bei guter Sicht Blick durchs Teleskop der Sternwarte.

Sport und Spiel

Reiterhof ➡ aB8
Reitschule Junkmann
Lippestr. 23
✆ (049 32) 92 41 20
www.reitschule-junkermann.der
Das Leben ist kein Ponyhof? Hier schon. Kinder bis 10 J. können hier zwischen 15 und 17 Uhr eine geführte Ponyrunde von ca. 15 bis 20 Minuten um die Pferdeweiden und den Hof herum buchen. Auch Anfänger- und Fortgeschrittenen-Reitstunden, tolle Ausritte am Strand und Reittherapiestunden sind möglich.

2 Familien-Thalassobad im bade:haus norderney ➡ aE2
Am Kurplatz 2
✆ (049 32) 89 14 00
www.badehaus-norderney.de
Nicht nur geeignet für Schlecht-Wetter-Tage. Hier können sich die Kids austoben und mit ihren Eltern Spaß haben. Eine eigene kleine Nordseewelt ist hier entstanden, u. a. mit geheimnisvollem Wrack, der 60 m langen Wattwurmrutsche und Meerwasser-Brandungsbecken.

Charly's Minigolfplatz ➡ aC7
Im Gewerbegelände 1
✆ (049 32) 28 58
www.norderney.cc
Außer der Minigolfanlage direkt am Freizeitcenter gibt es noch den beliebten Dünen-Minigolfplatz am Januskopf am Fuße der Georgshöhe.

Spielpark Kap Hoorn ➡ aE4
Marienstraße/Mühlenstraße
Kostenloser In- und Outdoor-Spielpark für Familien. Ideal auch für »Schietwettertage«. Hier finden etwas größere Kids eine Skaterfläche mit Halfpipe, außerdem gibt es einen Kletterparcours, den Kiosk »Kap Hörnchen« und einen Grillpatz (kostenlose Leistung der NorderneyCard).

Windsurfen für Kinder und Jugendliche ➡ aE7
In der Happy Surfschule (vgl. S. 73) im Yachthafen auf der Südseite der Insel gibt es spezielle Kurse für Kinder und Jugendliche. In der windgeschützten Bucht lässt sich gefahrlos üben. Auch den international anerkannten Junior-Surfschein kann man hier erwerben.

Für Kinder gibt es auf der Insel viel zu erleben – bei jedem Wetter

Heimkehr von einer geführten Wattwanderung

Conversationshaus ➡ aE2/3
Am Kurplatz 1
Bibliothek: ✆ (049 32) 89 12 96
In der im Conservationshaus untergebrachten **Bibliothek** stehen Bücher, Hörbücher, Musik-CDs, DVDs und vieles mehr zur Ausleihe bereit. Mittwochs finden meist **Kindernachmittage** mit unterschiedlichen Programmen statt, z. B. Puppentheater, Clownereien, Filme etc. Dafür wird jeweils eine geringe Gebühr erhoben.

Im Conversationshaus gibt es außerdem **Spieletische und Gesellschaftsspiele**, die kostenlos benutzt werden können.

Weitere Spielplätze gibt es am Nordstrand, am Schwanenteich, an der Grundschule und besonders beliebt ist der Piratenspielplatz am Weststrand.

Rundfahrten und Wanderungen

Bömmelbahn ➡ aE3
Am Golfplatz 1
Abfahrt: Busbahnhof am Rosengarten
✆ (049 32) 99 19 93 oder
✆ (0160) 96 00 40 87
www.boemmelbahn.de
Die Rundfahrt über die Insel dauert 90 Minuten inklusive einer halbstündigen Pause. Ab Rosengarten geht es über Hafen, Leuchtturm und Naturschutzgebiet zum Flugplatz.

Schiffstour zu den Seehundbänken ➡ aG6
Ab Fähranleger
✆ (049 32) 91 30
www.reederei-frisia.de
Die beste Möglichkeit, den putzigen Seehunden näher zu kommen, ist ein Ausflug per Schiff zu den Seehundbänken. Wenn man Glück hat, liegen sie dort, ruhen sich aus und halten die Bäuche in die Sonne. Die Fahrt dorthin ist eine offizielle Nationalpark-Erlebnisfahrt mit fachkundigen Erläuterungen. Sie startet am Hafen in der Nähe des Fähranlegers und dauert hin und zurück etwa 90 Minuten.

Übrigens: Aus nächster Nähe können Seehunde und Kegelrobben in der Seehundstation in Norden-Norddeich beobachtet werden, wo es zudem viele Infos zu den Tieren gibt.

6 Wattwanderungen/Nationalpark-Haus Watt Welten ➡ aG6
Am Hafen 1
✆ (049 32) 20 01
Anmeldung erforderlich
www.nationalparkhaus-wattenmeer.de
»Watt für Zwerge« ist ein kinderfreundlicher Ausflug in die faszinierende Welt des Watts. Auf dem Grund des Meeres wandern und mehr über das Leben der Wattwürmer und anderer Bewohner dieses Lebensraums zu erfahren, gehört sicher zu den Highlights eines Nordseeurlaubes.

Aber auch ein Besuch im Nationalpark-Haus »Wattwelten«, z. B. mit der Aquarienführung mit Fütterung der Seesterne, Krebse und anderer Unterwasserbewohner, ist eine spannende Sache für kleine und größere Kinder.

7 Wanderung zum Wrack am Ostende der Insel ➡ F12
1967 strandete der Heringslogger »Ministerialrat Streil« am östlichen Ende der Insel. Als die Norderneyer versuchten, den Heringslogger mit Hilfe des Schillsaugers Pionier zu bergen, geriet dieser selbst fest und liegt seitdem dort. Der Heringslogger wurde einige Wochen nach seiner Strandung von ein paar Schleppern befreit. Wer das Wrack besichtigen möchte, hält sich am besten vom Parkplatz Ostheller aus an den Wanderweg, der zum Wrack führt. Wer dort am wunderbar breiten Strand entlangläuft und nach Flaschenpost Ausschau hält, hat gute Chancen zumindest Strandgut aufsammeln zu können. Die Kinder sollten allerdings gut zu Fuß sein (hin und zurück 12 km über meist sandigen Boden).

Planetenwanderweg ➡ C4/5
Inmitten des Weltnaturerbes Niedersächsisches Wattenmeer liegt der 3,6 km lange Planetenwanderweg. Mit der auffälligen und weithin sichtbaren orangefarbenen Sonne beginnt er am Wanderweg »Alter Postweg« und führt dann immer geradeaus bis zum Campingplatz »Um Ost« in Richtung Inselosten. Auf beeindruckende Weise erlebt man hier die Größenverhältnisse in unserem Sonnensystem in einem Maßstab von 1:1 Milliarde. ■

»Endstation Norderney«: das Wrack des Schillsaugers »Pionier« in seinem Sandbett an der Ostspitze Norderneys

Strandgut: gerippte Herzmuscheln

Muscheln und Quallen

Muscheln gehören zu den Weichtieren und damit zu den ältesten Lebewesen der Erde. Die frühesten, einfach gebauten Weichtiere lebten bereits vor etwa 500 Millionen Jahren. Im geschützten Bereich des Wattenmeeres gibt es heute besonders viele Arten von Muscheln.

Herz- und Miesmuscheln zum Beispiel erfüllen in der Nordsee eine wichtige Aufgabe als Filtrierer. Herzmuscheln graben sich mit einem muskulösen Fuß ins Watt. Durch Knicken und Strecken dieses Füßchens können sie mehrere Zentimeter weit springen. Die **Miesmuscheln**, die auch Pfahlmuscheln genannt werden, siedeln sich als einzige Muschelart auf der Wattoberfläche an. Um nicht mit der Strömung weggezerrt zu werden, heften sie sich mit festen Eiweißfäden, die in der Byssusdrüse an ihrem Fuß gebildet werden, an Steine, Pfähle oder an die Schalen von Artgenossen und bilden so Muschelbänke. Mit einem Sekret können sie die Fäden wieder lösen, um sich fortzubewegen. Jede Muschel filtert pro Tag über zehn Liter Wasser. Ihre Kiemen halten dabei nicht nur Nahrungspartikel zurück, sondern auch Schadstoffe, die sich in ihren Körpern anreichern. Nicht verwertbares Material wird unter den Muscheln abgelagert. So erheben sich die Muschelbänke auf einer selbst produzierten Schlicklage über das Niveau der umgebenden Wattflächen hinaus.

Im ruhigen Wasser des Mischwatts fühlen sich die im Boden eingegrabenen **Platt- oder Tellermuscheln** und die etwa zehn Zentimeter langen **Sandklaffmuscheln** wohl. Sie saugen Nahrungspartikel mittels eines langen Saugrohres, Syphon genannt, aus dem Wasser; Pipettieren nennt man diese Strategie.

Seit einigen Jahren trifft man im Wattenmeer auch auf **Pazifische Austern**, an deren scharfkantigen Schalen man sich tief schneiden kann. Daher sollte man im Watt unbedingt Schuhe tragen.

Bereits seit den 1980er Jahren lebt im Wattenmeer der Nordseeküste die **Amerikanische Scheiden- oder Schwertmuschel**. Eingeschleppt wurden die Larven von der nordamerikanischen Atlantikküste mit dem Ballastwasser von Schiffen. Heute besiedelt die Muschel in großer Zahl das Wattenmeer. Auf einem Quadratmeter leben bis zu 1500 Tiere. Mittlerweile hat der Einwanderer seinen Platz im Ökosystem Wattenmeer gefunden, ohne seine hier heimischen Verwandten zu verdrängen. Anders als unsere Schwertmuschel ist diese Art temperaturempfindlich, was in besonders frostigen Wintern auch schon zu einer Art »Massensterben« an den Stränden der Ostfriesischen Inseln geführt hat.

Bei einem Urlaub auf Norderney macht es Kindern wie Erwachsenen immer wieder Freude, am Strand entlang zu spazieren und nach besonders schönen Muschelexemplaren Ausschau zu halten und sie zu sammeln. Meist findet man jedoch nur einzelne Schalenhälften, da nach dem Tod des Tieres die beiden Schalen auseinanderklaffen und durch die Brandung und andere Umwelteinflüsse getrennt werden. Dubletten mit beiden Schalenhälften findet man eher selten.

Miesmuscheln

Das Gerücht, dass man in Muscheln das Rauschen des Meeres hören kann, stimmt leider nicht wirklich. Tatsächlich handelt es sich lediglich um Resonanzrauschen: Wie in einem Blasinstrument befindet sich in der Schale eine Luftsäule, die eine bestimmte Eigenfrequenz besitzt. Das ist jener Ton, welcher entsteht, wenn man die Muschel zum Schwingen bringt. Die Luftsäule wird durch kaum merkliche Außengeräusche in der Umgebung, deren Frequenzen ungefähr der Eigenfrequenz der Muschel entsprechen, in Schwingung versetzt. Dadurch werden diese sonst nicht hörbaren Umgebungsgeräusche erheblich verstärkt. Das entstehende Tongemisch wird vom Menschen als Rauschen wahrgenommen.

Kulinarisch sind vor allem die **Miesmuscheln** interessant. Besonders beliebt ist auch auf Norderney deren Zubereitung auf »Rheinische Art«. Die auf der Insel verzehrten Miesmuscheln stammen allerdings nicht mehr von einer wilden Abfischung im Wattenmeer, sondern aus streng kontrollierten Zuchtbetrieben.

Weniger beliebt bei Urlaubern sind **Quallen**, die auch an der Nordsee unter bestimmten Voraussetzungen vorkommen können. Die meisten heimischen Quallenarten sind ungefährlich. Besonders verbreitet ist die harmlose Ohrenqualle. Lediglich der Hautkontakt mit der Feuerqualle oder auch der Nessel- und Kompassqualle sind unangenehm. Vor allem das Nesselgift der Feuerqualle brennt sehr stark. Das Brennen lässt bei den meisten Menschen aber nach einigen Stunden wieder nach. Nur selten kann es zu allergischen Reaktionen kommen. Am besten schabt oder zupft man eventuelle Tentakelreste und Nesselkapseln mit einem stumpfen Gegenstand vorsichtig ab. Beim Abreiben mit einem Tuch verteilt man sie nur noch mehr. Auch Wasser oder Alkohol sind eher kontraproduktiv. Hilfreich ist die Behandlung mit Essig, den man bei der Strandaufsicht bekommt.

Eine glattgeschliffene Pazifische Auster, eine Herzmuschel und eine symmetrische Sandklaffmuschel (v. l. n. r.)

Erholung und Sport
Bewegung und sportliche Betätigungen, Wellness

Seit über 200 Jahren wird Thalasso auf Norderney gelebt

Es gibt kaum ein Sport- oder Wellnessangebot, das es auf Norderney nicht gibt. Natürlich spielen **Strand- und Wassersport** auf einer Insel eine herausragende Rolle. Mehrmals wöchentlich wird an West- und Nordstrand zum Beispiel Fitness am Strand und Nordic Walking kostenlos angeboten. Genauere Infos entnimmt man am besten dem kostenlosen Veranstaltungskalender. Außerdem sind an allen vier Stränden Beachvolleyballnetze aufgebaut. Auch Beachsoccer, das dem Fußball ähnelt, allerdings barfuß im Sand gespielt wird, ist vor allem bei den Kids beliebt. Populär ist auch **Angeln**. Brandungsangeln in der Nordsee ist außerhalb der Naturschutzgebiete auch ohne Angelschein erlaubt; Personalausweis genügt. Bei den auf der Insel herrschenden Windbedingungen kann man prima **Drachen** steigen lassen. Kinder wie Erwachsene haben dabei auf Wiesen und am Strand ihren Spaß. Achtung! Bitte Rücksicht nehmen auf die anderen Strandspaziergänger. Für mutige Erwachsene: Das Fliegen von Powerdrachen ist ein Extremsport. Einen Kurs kann man in der Kiteschule Norderney (✆ 049 32-99 14 14) buchen.

Schon wegen des wechselhaften Wetters an der Nordsee gibt es auf Norderney aber auch eine große Auswahl an Indoor-Fitnessangeboten wie Aquafitness im bade:haus norderney oder Bowlen.

Bewegung und sportliche Betätigungen

2 bade:haus norderney ➡ aE2
Am Kurplatz 2
✆ (049 32) 89 14 00
www.badehaus-norderney.de

Schwimmen mit allen Raffinessen kann man im komplett umgebauten und 2015 mit dem »Health & Spa Award« ausgezeichneten bade:haus norderney. Sein Vorläufer, das alte Wellenschwimmbad, wurde bereits 1930/31 als erstes Schwimmbad seiner Art errichtet. Die erste europäische Wellenmaschine einer Badeanstalt hat man als technisches Denkmal vor die Türen des bade~museums am Weststrand gesetzt. Sie war in der Lage 1,80 m hohe Wellen zu erzeugen.

Heute findet der Badegast im bade:haus norderney wirklich alles, was das Herz begehrt; auf den verschiedenen Ebenen kommt jeder auf seine Kosten. Wellness-Fans bleiben ungestört auf der Wasser- und Feuerebene und können dort unter der Wasserfalldusche, im Außenbad (34 °C), im großen Saunabereich und bei einzigartigen Thalasso- und Kosmetikanwendungen entspannen.

Thalasso

Unter Thalasso (altgriech. *thalassa* = Meer) versteht man schon seit Mitte des 18. Jahrhunderts die Behandlung von Krankheiten mit salzhaltigem Meerwasser, dem Meerklima und vielen anderen Meeresprodukten wie Schlick, Muschelkalk und Algen. Dabei wurde damals wie heute auf uraltes Wissen über die heilsame Wirkung des Meeres zurückgegriffen, denn die Therapie mit dem salzigen Wasser war nicht nur im antiken Griechenland, sondern auch schon den alten Ägyptern bekannt.

Die Thalassotherapie eignet sich besonders für den Abbau von Stress und Nervosität. Sie hilft bei Schlafstörungen und Erschöpfung. Sie dient der Linderung von Gelenkschmerzen und der Therapie von Atemwegserkrankungen. Vor allem Allergiker profitieren vom rauen Nordseeklima. Norderney darf sich seit 2014 Thalasso–Nordseeheilbad nennen und wurde mit dem Europäischen Qualitätssiegel »Thalasso & Spa Prädikat Leading Spa Selection« ausgezeichnet. Es gilt als größtes Thalassozentrum Deutschlands und entsprechend facettenreich ist das Angebot an Anwendungen, wie z. B. eine Packung auf der Schwebeliege mit echtem Norderneyer Schlick, frisch aus dem Watt. Er wird stets einem bestimmten Schlickfeld im Watt gegenüber dem Hafen entnommen und im Keller des bade:hauses in der »Schlickmühle« weiter verarbeitet. Angewendet wird er bei einer Temperatur von ca. 50 Grad.

Neu hinzugekommen sind in den letzten Jahren auch drei Thalassoplattformen. Eine am Nordstrand, eine am Dünensender und die dritte auf der Aussichtsdüne am Zuckerpatt. Zwei sind behindertengerecht zugänglich und ermöglichen eine gute Rundumsicht (Fernglas nicht vergessen!) mit verschiedenen Sitzgelegenheiten.

Meerwasser

Die traditionellen Anwendungen in der Thalassotherapie sind Bäder und Behandlungen im 34–36°C warmen Meerwasser. Hierbei öffnen sich die Hautporen und die wertvollen Mineralstoffe des Wassers können vom Körper über die Haut aufgenommen werden. Gleichzeitig werden Schlacken und Schadstoffe ausgeschieden. Die Behandlung ist überaus angenehm, wirkt enspannend und löst Verkrampfungen.

Des Weiteren gehören zur Thalassotherapie auch die Gymnastik im Meerwasser, Meerwassersprühduschen und die Untewassersprudelmassage mit unterschiedlich temperiertem Meerwasser (manchmal auch »Thalaxion« genannt).

Algen und Schlick

Neben dem Meerwasser selbst sind Algen eine weitere wichtige Komponente der Thalassotherapie. Die Wasserpflanzen kommen in der Form von Bädern, Packungen, Masken, Wickeln und Ampullen zur Anwendung.

Die verwendeten Algen wirken entschlackend, fördern die Durchblutung, verbessern die Sauerstoffversorgung des Körpers, bekämpfen Cellulite, regulieren den Stoffwechsel und straffen bzw. glätten die Haut.

Meeresklima

Das Meeresklima sorgt, in Verbindung mit Thalassoanwendungen, für eine Verbesserung des allgemeinen Wohlbefindens sowie für eine Stärkung der Abwehrkräfte. Liegekuren an der frischen Luft, Heliotherapien (= Sonnenbäder) sowie Brandungsgymnastik sind Teil dieser Behandlungsmethode.

Kinder können sich im Familien-Thalassobad austoben und mit ihren Eltern Spaß haben. Eine eigene kleine Nordseewelt, mit völlig neu gestaltetem Außenbereich ist seit der Saison 2012 entstanden, u. a. mit geheimnisvollem Wrack und Meerwasser-Brandungsbecken. Auch im Innenbereich hat sich viel getan.

Grotten und Höhlen wollen erforscht werden, es gibt eine **Waschstraße** für Menschen und eine **Wattwurmrutsche**.

Boßeln und Klootschießen
✆ (049 32) 939 40
bosseln-norderney.jimdofree.com
Typisch ostfriesische Wintersportart. Beim Boßeln oder Klootschießen geht es darum, die Kugel so weit wie möglich zu platzieren. Dafür nimmt der Werfer Anlauf, holt mit dem Wurfarm weit aus und wirft die Kugel in dem Moment, in dem er abspringt. Vom Bewegungsablauf her ähnelt das Boßeln dem Kegeln.

Kloot ist ursprünglich eine aus dem Wurzelholz der Weißbuche gedrechselte Kugel mit einem Durchmesser von bis zu 6 cm. Um ihr Gewicht zu erhöhen, wurden sie zusätzlich mit Blei gefüllt.

1913 wurde der erste Klootschießverein auf Norderney gegründet. In den Wintermonaten gehört die Straße vom Kiefernwäldchen zum Ostbadestrand – Weiße Düne den Norderneyer Boßlern. Samstag am frühen Nachmittag beginnend, tragen die Gruppen der Klootschießervereinigung dort ihre Meisterschaften aus.

Fahrradfahren:

Die Insel bietet sich an für Erkundungstouren mit dem Fahrrad. Ein 80 km langes Rad- und Wanderwegenetz durchzieht die Insel. Ein großer Teil davon verläuft durch die Ruhezone des Nationalparks Niedersächsisches Wattenmeer oder berührt die Schutzdünen der Insel. Da hier ein empfindliches Ökosystem vorherrscht, das auf Störungen leicht reagiert, sind Wanderer und Radfahrer angehalten, die gekennzeichneten Wege und Pfade nicht zu verlassen.

Wem das Strampeln gegen den Nordseewind zu mühsam ist, der kann sich natürlich auch ein bequemeres Elektrofahrrad mieten. Fahrrad- und E-Bike-Verleihe gibt es viele auf Norderney. Hier eine kleine Auswahl:

Fahrradverleih Molli ➡ aD3
Luciusstr. 13
✆ (049 32) 34 49

Fahrradverleih Rad Peter ➡ aD3
Winterstr. 4 A
✆ (049 32) 99 07 77
Hat auch Elektroräder und -mobile.

Reiten am Strand? Auf Norderney ist dies möglich

Kurt's Fahrradshop ➨ aB7
Nordhelmstr. 73
✆ (049 32) 93 55 30
Verleiht auch Bollerwagen, Rollstühle und Elektromobile.

Laufen:

Zum Joggen und Walken eignet sich die Insel hervorragend. Verschiedene abwechslungsreiche Laufrouten führen über die Promenade durch die Dünen oder am Südstrandpolder entlang.

Klimatherapie ➨ aE2
Ab bade:haus norderney
Am Kurplatz 2
✆ (049 32) 89 13 56
Anmeldung erforderlich
Klimatherapeutische Gänge am Weststrand mit Luft- und Seebädern. Die Teilnehmer erfahren unter sachkundiger Begleitung die praktische Anwendung der Klimatherapie. Hinzu kommt der Brückenschlag zwischen Klimatherapie in der Natur und Thalasso im bade:haus.

Yoga Praxis Julia Ristow ➨ aC2
Bismarckstr. 14
✆ 0176 23 44 14 33
www.julia-ristow.de
Bei dieser besonderen Art des Walking werden sogenannte smovey Ringe benutzt, um den gesamten Körper zu trainieren. Durch das Schwingen während des Laufens werden die Kugeln in den Ringen in Bewegung versetzt und erzeugen eine Vibration, die den Trainingseffekt auch für den Oberkörper verbessern soll.

Reiten:

Pferdewettrennen, wie es um die vorletzte Jahrhundertwende Tradition war, gibt es heute nicht mehr. Aber Reiter kommen immer noch auf ihre Kosten. Markierte Reitwege führen durch die Dünenlandschaft und ermöglichen eine großflächige Erkundung der Insel. Auch am Strand kann geritten werden. Der Süden und Osten gehören zum Nationalpark Niedersächsisches Wattenmeer und sind nicht zugänglich für Reiter.

»Baywatch« am Weststrand

Reiterhof Harms ➨ B12
Am Leuchtturm 11
✆ (049 32) 21 08
www.reiterhof-harms.de

Reitschule Junkmann ➨ aB8
Lippestr. 23
✆ (049 32) 924 10
www.reitschule-junkmann.de

Schwimmen:

Natürlich kann man bei 14 km Strand, die man auf Norderney zur Verfügung hat, hervorragend schwimmen. Für ganz Mutige beginnt die Badesaison jedes Jahr schon am Neujahrstag mit dem traditionellen Neujahrs-Anbaden am Weststrand.

Während der Hauptsaison werden fünf Strandabschnitte zwischen Weststrand und FKK-Strand bewacht. Auf diese Sicherheit sollte man keinesfalls verzichten.

Die unterschiedlichen Strömungsverhältnisse sowie täglich wechselnde Bedingungen, was Windrichtung, Wellengang und Tidestrom angeht, halten Gefahren bereit, die die meisten Urlauber kaum abzuschätzen vermögen. Erkennbar ist die Anwesenheit der »Baywatch«-Riege an der blau-weiß-schwarzen Norderneyer Flagge und der grünen Fahne.

Ein Strandkorb, den man am Westbadestrand, Nordbadestrand, Ostbadestrand – Weiße Düne und am FKK-Badestrand mieten kann (mit NorderneyCard günstiger), rundet das Strandvergnügen ab. Seit dem Sommer 2017 ist auch das Mieten von Schlafstrandkörben an der Weißen Düne möglich. Wettergeschützt und eingekuschelt in richtige Bettwäsche kann man nun eine romantische Nacht zu zweit direkt am Strand verbringen. Schön ist dazu sicher ein gefüllter Picknickkorb vom »Surfcafé «.

Durchs Watt bei Ebbe

Tennis:

TuS Norderney ➡ aE5
An der Mühle 13
✆ (049 32) 99 11 80
www.tus-norderney.de
Die windgeschützten Ascheplätze des TuS Norderney an der Mühle können auch von Gästen stundenweise gemietet werden.

Wandern:

Mit ihren 80 km Wander- und Radwegen bietet sich die Insel für Wandertouren an. Eine Tour durch unberührte Natur vom Parkplatz Ostheller zum Inselende lohnt auf jeden Fall (vgl. S. 21 ff.). Wanderkarten bekommt man bei der Tourist Information. Allerdings ist auch die Beschriftung der Dünenwege gut und eine Orientierung am Leuchtturm meistens möglich.

Für Interessierte sind die verschiedenen 6 **Wattwanderungen** lohnenswert. Selbst Touren bis zum Festland sind möglich. Keinesfalls sollte man sich auf eigene Faust ins Watt wagen. Es besteht akute Lebensgefahr, wenn man sich nicht wirklich gut auskennt. Die Wattführer des Nationalparks Wattenmeer haben eine besondere Zertifizierung, die durch fortlaufende Weiterbildung erhalten bleibt.

Buchbar sind die Touren z. B. über das Nationalparkhaus (✆ 049 32-20 01, www.nationalparkhaus-wattenmeer.de), beim Watt- und Inselführer Eduard Fokken (✆ 049 32-99 11 55) und über Wattwanderführer Bernhard Onnen (✆ 049 32-27 95 oder 0171-677 77 75).

Yoga:

Yoga Praxis Julia Ristow ➡ aC2
Bismarckstr. 14
✆ 0176 23 44 14 33
www.julia-ristow.de
Verschiedene Yogastunden, auch Outdoor am Weststrand.

Strandleben am Weststrand im Hochsommer

Fitness, Golf, Surfen, Segeln, Fliegen:

Strandhotel Georgshöhe ➡ aC2
Kaiserstr. 24
✆ (049 32) 89 84 05
www.georgshoehe.de
300-m²-Fitnessresort mit insgesamt 40 Stationen und verschiedenen Kursangeboten.

Golfclub Norderney ➡ C8/9
Am Golfplatz 2, in der Nähe des Leuchtturms
✆ (049 32) 92 71 56
www.gc-norderney.de
Deutschlands einziger Links-Course liegt in der Nähe des Leuchtturms. Der 9-Loch-Dünengolfplatz (wenn man die Eingänge der Kaninchenbauten nicht mitzählt) bietet mit seinen hoch gelegenen Abschlägen, kleinen und damit schwierig anzuspielenden Grüns und einem immer vorhandenen Seewind aus wechselnden Richtungen genügend Herausforderungen für jeden Golfspieler. Umstritten ist die vom Golfclub beantragte Ausdehnung des Platzes auf internationalen Standards entsprechende 18 Löcher. Während der Saison auch Schnupperkurse für Anfänger.

Happy Surfschule ➡ aE7
Am Hafen 17
✆ (049 32) 648
www.surfschule-norderney.de
Auf der Heimatinsel des 16-fachen Deutschen Meisters im Windsurfen gibt es selbstverständlich besonders gute Surfspots, z. B. am Januskopf. Bernd Flessner gelang es im August 2011 als erstem Surfer die Deutsche Bucht zu durchqueren: von Norderney nach Sylt in 4 Std., d. h. mit durchschnittlich 40 km/h.

Da aber noch kein Meister vom Himmel gefallen ist, findet man im Yachthafen die – nach eigenen Angaben – größte Surfschule Deutschlands. Dort im ruhigen Surfbecken können sich alle gefahrlos aufs Brett wagen. Lernen kann man hier auch Wellenreiten, SUP und Kitesurfen. Achtung: Im Wattenmeer ist das Kitesurfen außerhalb von Schulungen ausdrücklich verboten!

Außerdem kann man hier nach einer kurzen Einweisung Boote zum **Kajakfahren** leihen.

Die Strandsauna am FKK-Strand

Segelschule Norderney ➡ aE6/7
Am Yachthafen
✆ (0175) 766 37 37
www.treffpunktsegelschule.de
Segeln »ist die teuerste Art, unbequem zu reisen« (Postkartentext auf Norderney). Wer's mag und noch nicht kann: Schnuppertörns buchen oder Segelscheine machen kann man in der Segelschule im Yachthafen. Auch Kindersegeln wird angeboten.

Fliegen ➡ C10/11
Flugplatz Norderney
Am Leuchtturm 1 A
✆ (049 32) 24 55 (Flugplatz)
✆ 0171-329 56 01 (Flugschule)
www.flughafen-norderney.de
www.luftsprtgruppe–norderney.tridem3.com
Eine Sportfliegerausbildung ist über die Luftsportgruppe Norderney möglich.

Boole, Skat:

Boule ➡ aE2/3
Auf dem schattigen Plätzchen im Kurgarten hinter dem Conversationhaus gibt es Spielfelder, an denen man häufig auf Gleichgesinnte trifft. Boule-Kugeln kann man sich im Café des Conversationshauses ausleihen.

Skat im Jugend- und Gästehaus Klipper ➡ aD5
Jann-Berghaus-Str. 40
✆ (049 32) 93 49 52 01 01
Skat für jedermann an bestimmten Tagen.

Wellness

Strandsauna ➡ A11
Am FKK-Strand, Bushaltestelle Oase
Ein Erlebnis ist die Strandsauna am FKK-Strand. Saunieren mit Panoramablick aufs Meer. Wo gibt es das schon? Wer nach dem Saunagang richtig aufgeheizt ist, kann sich in den Fluten der Nordsee abkühlen.

Massagen:

Das bade:haus norderney, viele Hotels und einige Massagepraxen auf der Insel bieten verschiedenste Massagen an – zur Genesung oder zum puren Wohlfühlen. Im Juli/August auch am Strand »Weiße Düne«.

Hotel Ennen ➡ aD2
Luisenstr. 16
✆ (049 32) 84 09 22
www.hotel-ennen.de

Hotel Seesteg ➡ aD1
Damenpfad 36 A
✆ (049 32) 89 36 00
www.seesteg-norderney.de

Kosmetik:

Elke Lieberum ➡ aD2
Herrenpfad 17
✆ (049 32) 20 20
Alteingesessen und bodenständig.

Hautnah Kosmetik ➡ aD2
Vorübergehend: Kaiserstrasse 17
✆ 0160-94 42 09 72

Kosmetik Norderney im Haus Waterkant ➡ aD2
Kaiserstr. 8
✆ (049 32) 777 ■

Küstenschutz

Norderney ist – genau wie die anderen ostfriesischen Inseln – durch die Strömungen der Gezeiten, durch von Wind und Wellen transportierten Sand entstanden. Diese Naturkräfte sorgen aber seit ca. 200 Jahren auch dafür, dass der Sand immer mehr von West nach Ost getrieben wird, was zu einer Schrumpfung der Dünen führt, die wiederum die Stadt vor dem »Blanken Hans« mit seinen Sturmfluten schützen sollen.

Schwere Sturmfluten sorgten schon Anfang bis Mitte des 19. Jahrhunderts dafür, dass nach holländischem Vorbild massive Buhnen und Spundwände zum Schutz vor den Strömungen gebaut wurden. 1858 wurde unter königlich-preußischer Aufsicht auf Norderney das erste Inseldeckwerk an der deutschen Nordseeküste errichtet.

Aber immer wieder kam es zu zerstörerischen Sturmfluten. Der Februarsturm 1962 dauerte mehr als zwölf Stunden und brachte Wellen von vier bis fünf Metern Höhe mit sich. Die Folge waren schwere Zerstörungen auf der Kaiserstraße. Die dort später entstandenen Neubauten gehören sicher nicht zu den architektonischen Highlights der Insel.

Heute sichern ein Uferschutzwerk, das über eine Länge von fast fünf Kilometern gleichzeitig die Promenade bildet, sowie 32 Buhnen den Inselort gegen Strömungen und Wellen, die ein Gewicht von 13 Tonnen pro Quadratmeter entwickeln können. An der Westküste der Insel reichen die Buhnen bis 18 Meter in die Tiefe, um den Inselsockel vor den starken Strömungen des Norderneyer Seegats zu schützen.

Weil an diesen Uferschutzanlagen immer wieder gearbeitet werden musste, treffen am Januskopf zwei verschiedene Pflasterungen aufeinander: roter Klinkerstein auf Sandsteinblöcke. Dies war auch der Grund für die Namensgebung nach dem römischen Gott des Anfang und des Endes, der stets mit zwei Gesichtern dargestellt wird. Sandvorspülungen sorgen seit den 1950er Jahren für breite Strände, die wiederum das Schutzwerk vor der Hauptwucht der Brandung schützen sollen.

Immer wieder werden teure Baumaßnahmen nötig, um die Insel zu erhalten. Finanziert wurden die Arbeiten 2011 aus Mitteln von Bund und Ländern und vom EFRE, dem Europäischen Fond für Regionale Entwicklung. Parallel zu den Schutzmaßnahmen auf der Seite zur offenen Nordsee finden auf der Wattseite durch das Anlegen von sogenannten Lahnungen Landgewinnungsarbeiten statt, die langfristig ebenfalls dem Küstenschutz dienen. Das alles kommt übrigens nicht nur der Insel zugute: Die Ostfriesischen Inseln fungieren als Wellenbrecher, ohne sie müsste das gesamte angrenzende Festland beträchtlich mehr an Küstenschutzmaßnahmen leisten. Dabei werden schon heute mehr als 60 Mio. Euro in Niedersachsen für den Küstenschutz investiert.

Ein Sturmtief zieht über die Insel

Daten zur Inselgeschichte

1398 Älteste urkundliche Erwähnung der Insel unter dem alten Namen Osterende. Osterende ist der östliche Teil der von mehreren Sturmfluten auseinandergerissenen Insel Buise. Bis in das Jahr 1406 ist die Bezeichnung Osterende gebräuchlich. Erst im 16. Jahrhundert setzt sich der Inselname Nordernei bzw. Norderney durch.

Um 1550 Auf der Insel leben ungefähr 80 Personen.

1709 304 Menschen und 54 Häuser werden gezählt. Die Insulaner leben vom Fischfang und von der Bergung von Strandgut. Die Insel ist Herrenland, ihre Bewohner sind der privaten Willkür des Landesherrn unterworfen. Als dessen Vertreter übt ein Vogt, der auch die Polizeigewalt besitzt, die Verwaltung aus.

Historische Landkarte Ostfrieslands von Ubbo Emmius (um 1600)

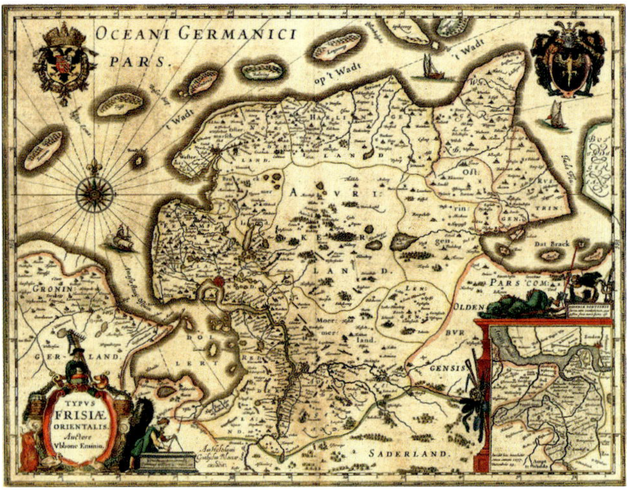

1797 Beschluss über die Einrichtung des ersten deutschen Nordseeheilbades und Genehmigung durch den preußischen König Friedrich Wilhelm II.

1800 Eröffnung des Nordseeheilbades zur Badesaison. In den ersten vier Jahren des Badebetriebs verdoppelt sich die Zahl der Badegäste von anfangs 250 auf immerhin 500.

1806 Norderney fällt an das Königreich der Niederlande.

1810 Norderney wird französisch und der Badebetrieb eingestellt. Ein florierender Seeschmuggel mit dem damals englischen Helgoland entwickelt sich. Zu dessen Eindämmung und zur Abwehr englischer Invasionsversuche wird die Insel mit einer ständigen Besatzung von 300 französischen Soldaten belegt, die Napoleonschanze (1811/12) errichtet und das Kurhaus als Kaserne und Magazin genutzt.

Schon früher reisten die Badegäste mit der »Frisia« an

1813 Napoleon unterliegt in der Völkerschlacht von Leipzig.

1815 Ostfriesland, und damit auch Norderney, wird Teil des Königreiches Hannover.

1822 Mit Unterstützung des Königs von Preußen und des Kronprinzen Georg entsteht das Conversationshaus. Durch Ausbauten 1840 erhält es in etwa sein heutiges Aussehen.

1836–65 Norderney wird Sommerresidenz der königlichen Familie. Um sie standesgemäß unterzubringen werden 1837 das Große Logierhaus errichtet und die Kuranlagen ausgedehnt. In den Folgejahren entwickelte sich das Seebad zum exklusiven Treffpunkt des Adels, der Diplomatie, der Kunst- und Geisteswelt.

1866 Ende der hannoverschen Ära. Die Zahl der Inselbesucher erhöht sich auf 3110, die Zahl der Einwohner steigt von 618 auf 1431 an.

1850er Jahre Damen und Herren gehen natürlich getrennt an den Strand, zum Umziehen und Waschen nutzt man den

Aus der Wilhelminischen Ära: 1822 wird das Conversationshaus gebaut

Badekarren. In einem dieser kann man sich übrigens heutzutage am Strand trauen lassen. Sogar die Wege zum Strand sind nach Geschlechtern getrennt, noch heute gibt es auf Norderney den Damen- und den Herrenpfad. Den Herren ist es unter Strafe verboten auch nur auf den Dünen des Damenbades zu stehen.

Der frühere hölzerne Seesteg von Norderney

Ab 1866 Das Seebad, nun Königlich-preußische Seebadeanstalt, entwickelt sich zum »Welt- und Modebad«. Durch den Sommeraufenthalt des Reichkanzlers Bernhard von Bülow steht das Seebad für ein Jahrzehnt im Blickfeld der Diplomatie und der deutschen Reichspolitik.

1889 Einführung der Elektrizität.

1892 Eine direkte Bahnanbindung Norderneys an Norddeich wird eingerichtet.

1914 Die Zahl der Kurgäste erreicht fast 40 000.

1914–18 Während des Ersten Weltkrieges wird die Insel zu einer Seefestung ausgebaut. In der Nähe des Hafens entsteht die größte Seeflugstation an der deutschen Nordseeküste.

Altreichskanzler Bernhard Fürst von Bülow mit Gattin in der Sommerfrische auf Norderney (1910)

1936 Die Kurgastzahlen erreichen wieder die Werte des Jahres 1914. Unter den Besuchern sind nun auch viele »Kraft durch Freude«-Urlauber des Dritten Reiches.

1939 Im dem Jahr des Ausbruches des Zweiten Weltkrieges steigt die Zahl der Gäste auf 48 000.

1945 Im Mai wird die von größeren Luftangriffen verschont gebliebene Insel den kanadischen Truppen übergeben. Die britische Besatzungsmacht richtet auf Norderney ein Erholungszentrum *(Leave Center)* ein. Bereits über 26 000 Besucher erholen sich wieder auf der Insel.

1948 Norderney erhält die Stadtrechte.

1949 Erneute Anerkennung als Nordseeheilbad. Die Wirtschaft verzeichnet einen Aufschwung.

1959 Mehr als 100 000 Inselbesucher werden gezählt.

2011 Mit mehr als 3,2 Millionen Übernachtungen zählt Norderney zu den größten Fremdenverkehrsorten des Landes Niedersachsen, wobei es nicht nur mondänes Seebad, Erholungs- und Kurort ist, sondern auch Partyinsel für Jüngere, das besonders zu Himmelfahrt und Pfingsten.

2014 Zum Ende der Saison stellt der Inselsender SWS (Sturmwellensender Norderney) seinen 20-jährigen Betrieb ein.

2015 Im Frühjahr wird das neue Nationalparkhaus Watt Welten eröffnet und im August finden erstmalig die Kitesurf-Masters auf Norderney statt.

2017 Im Spätsommer eröffnet das neue, technisch ultramoderne Hafenterminal, das eine Abfertigung der Gäste trockenen Hauptes bei jedem Wetter möglich macht.

2018 Mit einem ersten Info- und Diskussionsabend beginnt das »Projekt Verkehrswende Norderney«. Eine neue Fähre mit Dieselhybrid-Antrieb ist bereits beauftragt.

2019 Norderney feiert das Jubiläum »222 Jahre Seebad Norderney«.

2020 Aufgrund der Corona-Pandemie erfolgt die Einstellung des gesamten Kurbetriebs. Am 25. März müssen sämtliche Touristen die Insel verlassen haben.

2022 Nach mehreren Sturmfluten im Winter gibt es starken Sandverlust und Dünenabbrüche. Besonders betroffen ist der Bereich Kugelbake/Weisse Düne.

2024 Im April findet die Klausurtagung der SPD Abgeordneten aus Niedersachsen und NRW unter Polizeischutz im Conversationshaus statt. Auch Bundeskanzler Olaf Scholz wird per Hubschrauber eingeflogen. ■

Norderney feiert »222 Jahre Seebad«

Anreise

Mit dem Auto
Mit dem Auto kommt man über die A31, Abfahrt Emden-Nord, die B210 und die B72 nach Norddeich. Da zum einen die Entfernungen auf der Insel gut zu Fuß oder mit dem Rad zu schaffen sind und der öffentliche Nahverkehr gut ausgebaut ist und zum anderen der Autoverkehr sehr eingeschränkt wird, empfiehlt es sich, den Pkw in Norddeich auf einem der kostenpflichtigen Parkplätze abzustellen. Es wird ein Shuttlebus direkt zur Mole angeboten, sodass man sein Gepäck nicht weit tragen muss.

Von dort geht es mit den Fähren der Frisia AG weiter. In der Hochsaison fahren die Fähren nach Bedarf bis zu 30-mal täglich, aber mindestens stündlich (Fahrplan vgl. www.reederei-frisia.de). Für die Saison 2024 soll die neue Reederei »Meine Fähre« mit zwei Fähren den Betrieb aufnehmen.

Wer den Wagen doch mitnehmen will, zahlt natürlich deutlich mehr. Die Kosten sind abhängig von der Größe des Pkws.

Die **Überfahrt** dauert je nach Tide 45 bis 60 Minuten und kann bei schlechtem Wetter ganz schön unruhig werden. Bei gutem Wetter allerdings gehört sie zu den schönsten Urlaubsmomenten: An Bord der Fähre stehend, wo einem der Nordseewind das Haar zerzaust, sieht man ganz langsam die Insel am Horizont auftauchen und schon bald erkennt man die ersten Gebäude

Schiffsverkehr vor Norderney

Norderney in Zahlen und Fakten

Alter: Die älteste urkundliche Erwähnung der Insel unter dem alten Namen Osterende stammt aus dem Jahr 1398.
Fläche: Norderney ist 15 km lang und 2,5 km breit. Die Gesamtfläche beträgt 26,3 km². Davon sind 14,5 % bebaut. Die restlichen 85,5 % verteilen sich auf Strand (69 %) Parks, Wald und Gärten.
Lage: Norderney gehört zum Landkreis Aurich und zum Bundesland Niedersachsen. Zwischen den Inseln Juist und Baltrum in der Nordsee gelegen ist es Teil des Nationalparks Niedersächsisches Wattenmeer.
Einwohner: Es leben knapp 6000 Menschen ständig auf der Insel, hinzukommen ca. 3000, die hier einen Nebenwohnsitz angemeldet haben.
Einwohnerdichte: 221 Einwohner/km²
Wirtschaft: Der einzige Wirtschaftsfaktor, der auf Norderney eine ernstzunehmende Rolle spielt, ist der Tourismus. Seit dem beginnenden 19. Jh. stellt das Geschäft mit den Urlaubern und Kurgästen die Haupteinnahmequelle der Inselbewohner dar. Wurden 1959 noch etwas über 100 000 Besucher gezählt, waren es 2017 schon fast 500 000 Gäste und etwa 3,2 Mio. Übernachtungen. In der Hochsaison ist kaum noch ein freies Bett zu bekommen. Über die Hälfte der Norderneyer Erwerbstätigen sind im Handel oder im Gastgewerbe tätig. Während die Arbeitslosenquote im Januar relativ hoch bei gut 14 % liegt, gibt es im Sommer mehr offene Stellen als Arbeitssuchende. Menschen aus über 60 Ländern, teilweise als Saisonkräfte, sind zur Hochsaison mit dem Wohl der Gäste beschäftigt.
Tourismus: Die Staatsbad Norderney GmbH, die unabhängige Tourismusorganisation der Insel, ist mit 180 Mitarbeitern der größte Arbeitgeber Norderneys. Im Jahr 2009 überstiegen die Einnahmen aus Kurabgaben erstmals 6 Mio. Euro und damit gehört die Kurverwaltung zu den wenigen deutschen kommunalen Touristikbetrieben, die Gewinne schreiben. Kundenorientierung, Innovation und Nachhaltigkeit sind die Schlagworte der Organisation. So bezieht sie beispielsweise Ökostrom für sämtliche touristische Infrastruktureinheiten und versucht durch Verkehrsbeschränkungen die CO_2-Bilanz zu verbessern.

Es wird viel getan für die Besucher und eine Menge Programm für Klein und Groß geboten. Man ist bemüht, den sogenannten Clubtourismus – die Kegel- und anderen Clubs – im Rahmen zu halten und setzt eher auf das etwas mondänere Image des Nordseeheilbades, in dem Familienfreundlichkeit und Naturschutz aber dennoch nicht zu kurz kommen. Das Wander- und Fahrradwegenetz ist auf 80 km Länge gut ausgebaut und es fehlt nicht an Informationstafeln zu Schutzzonen von Flora und Fauna.

Die Kommune ist auch Mitglied der Dach-Marketingorganisation »Die Nordsee«, der alle bewohnten Ostfriesischen Inseln und 15 Küstenorte angehören. Zusammen werden Messe- und Medienauftritte organisiert und Anzeigen geschaltet.

Norderney setzt sich für den Ruf als bekannteste Thalasso-Insel Europas ein. Dafür wurde u. a. das Spaßbad zur Saison 2012 erweitert und zum Familien-Thalassobad mit vielen neuen Highlights umgebaut. Seit 2014 darf sich Norderney Thalasso–Nordseeheilbad nennen und mit dem Europäischen Qualitätssiegel »Thalasso & Spa« schmücken.

Norderneys. Man kann den Möwen zuschauen und mit etwas Glück bekommt man auch Robben zu sehen, die sich auf Sandbänken sonnen.

Auf Norderney selbst wird der Autoverkehr stark eingeschränkt. Innerstädtisch gilt größtenteils Fahrverbot.

Für das Ent- und Beladen am Urlaubsquartier am Tag der Ankunft und der Abreise hat man jeweils eine Stunde Zeit (Parkscheibe nicht vergessen). Danach sollte man seinen Wagen auf einem der dafür vorgesehenen Parkplätze am Ortseingang abstellen. Für die Rückfahrt ist eine Reservierung für den PKW auf der Fähre nach Norddeich dringend notwendig. Diese kann man online unter www.reederei-frisia.de vornehmen.

Der Urlaub beginnt am Anleger in Norddeich

Ausnahmegenehmigungen vom Fahrverbot können Menschen mit außergewöhnlichen Gehbehinderungen (Abkürzung »aG« im Schwerbehindertenausweis) im Bürgerbüro der Stadt Norderney (✆ 049 32-92 02 13) beantragen.

Mit der Bahn

Per Bahn nach Norderney zu gelangen ist recht komfortabel, wenn man eine Platzreservierung hat und sein Gepäck vom Bahnkurier von zu Hause direkt in die Unterkunft bringen lässt.

Aber auch mit Gepäck kommt man gut zurecht. Der Zug hält nicht nur am Bahnhof Norddeich, sondern auch noch mal direkt an der Mole. Und am Fähranleger auf Norderney warten in der Regel schon Busse und Taxen. Taxiruf: ✆ (049 32) 23 45 oder (049 32) 33 33, www.bahn.de.

Mit dem Bus

Aus einigen Städten in Nordrhein-Westfalen fahren Fernbusse bis Norddeich Mole. Die Sparpreise sind sehr günstig (www.flixbus.de).

Mit dem Flugzeug

Auch mit dem Flugzeug kommt man nach Norderney. Die FLN Frisia-Luftverkehr GmbH und Air Hamburg bieten ganzjährig nach Bedarf Flüge auf die Insel an. Der Flughafen der Insel liegt in der Nähe des Leuchtturms.

Auskunft

Tourist-Information im Conversationshaus ➡ aE2/3
Am Kurplatz 1
✆ (049 32) 89 19 00
www.norderney.de

Zimmervermittlung der Staatsbad Norderney GmbH ➡ aE2/3
Im Conversationshaus
Am Kurplatz 1
✆ (049 32) 89 13 00

Auf Nummer sicher gehen: Strandkörbe kann man reservieren lassen

✆ (049 32) 89 11 35 (Norderney-Card-Servicestelle sowie Urlaubsservice: Vorbestellung von Fährticket oder Strandkorb)

Poststelle ➡ aF5
Tankstelle Bodenstab
Hafenstr. 6
Alle Postangelegenheiten, auch Postbank und Versendung von Reisegepäck.

Haus der Schiffahrt ➡ aG6
Im Hafenterminal
Am Hafen 1
✆ (049 32) 91 30
✆ (049 31) 98 70
www.reederei-frisia.de
Hier befinden sich seit 2018 die Geschäftsstelle der Reederei Frisia und eine DB-Agentur.

Feste, Veranstaltungen

Infos zu den nachfolgend aufgeführten Veranstaltungen und viele weitere Tipps findet man im Veranstaltungsverzeichnis der Tourist Information oder unter www.norderney.de/veranstaltungen.

Januar
Anbaden – Auf der Insel Norderney gibt es traditionell eine besondere Art, das neue Jahr zu begrüßen: Am Neujahrsmittag mit einem Sprung ins kalte Wasser! Die nur wenige Grad kalte Nordsee lockt bis zu 500 Mutige zum Neujahrsschwimmen an. Wesentlich mehr Menschen ziehen es allerdings vor, das Ganze im kuschelig warmen Mantel mit einem heißen Glühwein von Land aus zu verfolgen.

März/April (Ostern)
Traditionelles Osterfeuer – Am Ostersamstag wird am Weststrand in den späten Nachmittagsstunden traditionell ein riesengroßes Osterfeuer vom Osterhasen persönlich entzündet. Eindrucksvoll wird nun der Winter endgültig vertrieben. Dazu gibt es Bratwurst und Getränke.

Ebenfalls am Weststrand findet am Ostersonntag das »Ostereiertrullern« statt. Hart gekochte Ostereier kullern im Wettkampf miteinander die Düne hinab.

Mai/Juni
White Sands Festival – Jedes Jahr an Pfingsten ist der Januskopf auf Norderney DIE Adresse für Trend- und Funsportfans. Das Festival begeistert seine Anhänger mit einer gelungenen Kombination aus Sport und Party. Sowohl der Deutsche Windsurf Cup, als auch die Smart Beach Tour (Beach-

Nichts für Frostbeulen – das jedes Jahr am Neujahrstag stattfindende Anbaden

volleyball) werden hier ausgetragen und begeistert angenommen. (www.whitesandsfestival.de)

Internationales Filmfest Emden-Norderney – Bereits seit 1990 werden jedes Jahr Ende Mai bzw. Anfang Juni mehr als 100 Kurz- und Spielfilme auf insgesamt sieben Leinwänden gezeigt. Eine Leinwand befindet sich im Kurtheater Norderney. (www.filmfest-emden.de)

Juli

Summertime@Norderney – Ende Juli/Anfang August läuft mit hochkarätigen Liveacts namhafter Künstler verschiedener Genres und einem vielfältigen Rahmenprogramm für Groß und Klein das Event Summertime@Norderney. Fünf Tage lang voller Konzerte und Entertainment, mit Strandparty und Kinderdisco. (www.summertime-norderney.de)

Sport am Meer – Am Norstrand findet im Juli ein abwechslungsreiches Sportprogramm statt. Yoga, Cycling, Cardio und vieles mehr macht mit Meerblick umso mehr Spaß. (www.sport-am-meer-norderney.de)

Meine Insel Lauf – Der Juli ist sportlich. Seit 2016 wird dieser Lauf veranstaltet. Für alle ist etwas dabei: Vom Bambinilauf, Laufen mit Hund bis zum Halbmarathon ist alles möglich. (www.meine-insel-lauf-norderney.de)

August/September

Winzerfest – Das Fest wird mitten auf dem historischen Kurplatz gefeiert. Mit Weinkönigin, Weinständen und Musikprogramm können sich die Gäste an mehreren Tagen verwöhnen lassen.

Craft Beer & Gourmet Festival – Auch das Bier wird gefeiert, schließlich wird auf Norderney ein eigenes Inselbier gebraut.

September

Norderneyer Beachside Classics – Das Reittunier in den Disziplinen Dressur und Springen am Strand und auf dem Turniergelände ist ein beliebtes Event vor allem unter

Pferdebegeisterten. Mit buntem Rahmenprogram, gutem Essen und besten Getränken. (www.norderneyer-beachside-classics.de)

Dezember

Winterzauber – Nach den Weihnachtsfeiertagen eröffnet auf dem festlich geschmückten Kurplatz eine kulinarische Promenade mit Köstlichkeiten aus aller Welt.

Silvesterlauf – Wer nach den vielen Schlemmereien Kalorien abtrainieren möchte, hat am 31.12. die Möglichkeit am traditionellen, wertungsfreien Silvesterlauf des TuS Norderney teilzunehmen.

Silvesterparty – Verabschiedet wird das Jahr mit einer großen Silvesterparty im Conversationshaus.

Hinweise für Menschen mit Handicap

Schon zu Beginn seiner Geschichte als Seebad spielte das Heilen und Lindern körperlicher Beschwerden und Gebrechen auf Norderney eine wesentliche Rolle. Für seine Anstrengungen auf dem Gebiet Service und Gesundheit wurde das Staatsbad Norderney 2010 mit dem Deutschen Tourismuspreis/Sonderpreis Gesundheit des Deutschen Tourismusverbandes ausgezeichnet. Entsprechend groß ist das Angebot an Kliniken und Ärzten. Auch für die Mobilität und den Komfort von Menschen mit Behinderungen ist gesorgt. Schon die Fähre ist mit einer Rampe ausgestattet und gut für Rollstuhlfahrer passierbar.

Für Menschen mit Schwerbehindertenausweis, der einen 100-prozentigen Behinderungsgrad ausweist, ist der Kurbeitrag um 50 Prozent ermäßigt. Zahlbar ist dieser bei der Tourist Information im Conversationshaus. Die im Schwerbehindertenausweis eingetragene Begleitperson ist, sofern sie keine Kureinrichtungen in Anspruch nimmt, völlig vom Kurbeitrag befreit.

Das bade:haus norderney hält einen Schwimmbadlifter bereit und für das Baden im Meer steht am Nordstrand ein Ballonrollstuhl zur Verfügung. Auch die Thalasso-Kurwege N2, N3 und N4 sind komplett barrierefrei. Die Wanderwege beginnen jeweils am bade:haus norderney. Den Strand erreicht man von der Promenade aus über bequeme Rampen und für behindertengerecht ausgestattete öffentliche Toiletten an vielen Stellen der Insel ist

NorderneyCard und Kurtaxe

Seit 1997 erhält jeder einreisende Tourist die NorderneyCard am Ticketschalter in Norddeich beim Kauf des Fährtickets bzw. auf der Fähre oder spätestens beim Verlassen des Schiffes. Eine Vorbestellung von zu Hause ist auch möglich (www.norderney.de/shop/vorbestellung). Die Karte berechtigt zur kostenlosen Nutzung der bewachten Strände, der Strandgymnastik und anderer Dienstleistungen sowie zum Besuch des schönen Lesesaals der **Bibliothek** und der Kurkonzerte. Zudem erhält man Rabatt bei einigen Angeboten, z. B. bei der Strandkorbvermietung, auf den Eintritt für das 2 **bade:haus norderney** und in der **Strandsauna**.

Vor der Abreise sollte man seine **Kurtaxe** bei der Tourist Information im Conversationshaus oder an einem der Automaten, die überall in der Stadt aufgestellt sind, zahlen. Auch am Fähranleger ist dies möglich, hält aber den Betrieb, der während der Sommersaison ganz schön groß sein kann, zusätzlich auf.

Winter auf Norderney, wenn sich auf die Dünen eine Schneedecke legt

ebenfalls gesorgt. Außerdem sind die Bordsteinkanten rollstuhlfreundlich abgeschrägt und auch viele Veranstaltungsorte mit einem barrierefreien Zugang ausgestattet.

Für Dialysepatienten besteht eine Dialysemöglichkeit im KFH-Nierenzentrum ✆ (049 32) 91 91 200, www.kfh-dialyse.de.

Für die Vermietung von elektrischen und mechanischen Rollstühlen ist Bernd Dörner der richtige Ansprechpartner. Sogar einen sogenannten cad.weazle Rollstuhl, dessen Batterie durch ein Solardach gespeist wird, gibt es: ✆ (049 32) 89 11 26.

Das Reisegepäck kann mit DHL (www.dhl.de) auch vorgeschickt werden, sodass der schwere Koffer von Bahnfahrenden nicht getragen werden muss.

Es steht außerdem eine recht große Auswahl an behindertengerechten Unterkunftsmöglichkeiten zur Verfügung, z.B. das Gästehaus Inseloase (✆ 049 32-934 10, www.caritas-gesundheitszentrum.de), das Haus Sonnendüne, Apartment Sonnentau (✆ 061 63-52 25, www.sonnendue ne.de) oder die Ferienwohnung Glückspilz in der Nähe des Hafens (www.norderney-zs.de).

Internet

Informationen über die Insel findet man unter:
www.norderney.de
www.nomo-norderney.de
www.wattwelten.de
www.ferien-ahoi.de/blog
www.he-norderney.de
www.facebook.com/norderney
www.reederei-frisia.de
www.bahn.de
www.reisebuero-ney.de
www.magazin.norderney-zs.de

Klima, Kleidung, Reisezeit

Nordseebesucher müssen sich damit abfinden, dass das Wetter unbeständig ist. Erfahrene Urlauber kennen denn auch das Spiel: Sonne da – »Plünnen« ausziehen, Sonne weg – »Plünnen« wieder an.

Generell ist das Wetter auf den Inseln und an der Küste meist eine Spur besser als weiter hinten auf dem Festland. Der Wind vertreibt oft recht schnell selbst hartnäckige Wolken. Er weht am Meer ständig, vorwiegend aus West, also vom Meer kommend. Deshalb kein Nordseeurlaub ohne Windjacke, ohne Sweatshirt, ohne Sommerpullover. Speziell gegen Abend kühlt es spürbar ab. Regenbekleidung gehört ebenfalls zur Standard-Garderobe und sollte nie vergessen werden.

Im März und April, zur Zeit der Osterferien, ist es noch ziemlich kalt. Auch wenn die Sonne schon manchmal kräftig scheint, die Luft erwärmt sich aber kaum vor Ende April. Der Mai ist dagegen generell schön, kann sich aber auch wechselhaft zeigen. Schöner ist in der Regel der Juni; es herrschen oft sehr angenehme Temperaturen, die Abende sind mild. Der Juli ist ein Wackelkandidat: Schönstes Sommerwetter wie aus dem Bilderbuch ist genauso möglich wie wochenlanger Regen. Der August ist tendenziell eher sommerlich, vor allem die zweite Monatshälfte. Der September beschert meist schöne Tage, aber es wird schon spürbar kühler. Und im Oktober schafft es die Sonne kaum noch, die Luft zu erwärmen, auch wenn sie häufig scheint und die Laubfärbung zauberhaft ausleuchtet.

Notfälle, wichtige Rufnummern

Polizei ✆ 110
Polizei Norderney (Knyphausenstr. 7) ✆ (049 32) 929 80
Feuerwehr ✆ 112
Arzt, Allgemeinmedizin (Dr. Kristine Scheibel, Adolfsreihe 2) ✆ (049 32) 404
Zahnarzt (Jann-Berghaus-Str. 26) ✆ (049 32) 13 13
Krankenhaus Norderney (Lippestr. 9–11), Internistische Ambulanz ✆ (049 32) 80 50, Chirurgische Ambulanz ✆ 80 51 34
Dialysestation ✆ (049 32) 919 12 00
Kur-Apotheke (Kirchstr. 12) ✆ (049 32) 92 70 00
Park-Apotheke (Adolfsreihe 2) ✆ (049 32) 928 70
Tierarzt (Fischerstr. 8) ✆ (049 32) 822 18
Taxiruf ✆ (049 32) 23 45

Presse

Für eine 26 Quadratkilometer kleine Insel ist die Mediendichte auf Norderney erstaunlich. Sogar über einen eigenen Radiosender verfügte sie lange. Radio SWS (SturmWellenSender) begann in den 1980er Jahren als Piratensender, bekam 1994 eine offizielle Sendegenehmigung und sendete 20 Jahre lang. Ostern 2015 übernahm Radio Nordseewelle aus Norden die Frequenz.

Eine der ältesten Tageszeitungen Deutschlands ist die *Norderneyer Badezeitung*, die gleichzeitig eine der niedrigsten Auflagen

Spaß am Strand

hat, nämlich ca. 700 Stück. Allerdings verlor sie 2008 nach über 140 Jahren ihre Eigenständigkeit und gehört seitdem zur Zeitungsgruppe Ostfriesland in Leer.

Vom *Norderneyer Morgen* werden 2000 bis 4000 Exemplare täglich kostenlos verteilt und in den Geschäften, Bäckereien, Pensionen und Hotels ausgelegt. Veranstaltungskalender, Anzeigen und Inselneuigkeiten sind Schwerpunkte der Berichterstattung.

Zweimal jährlich erscheint das Norderney-Magazin *ferien.ahoi NORDERNEY*. Es sammelt vor allem kommerzielle Informationen und Neuigkeiten und bietet einen ganz guten Überblick über das Angebot der Insel sowie schöne Fotos. Es wird an vielen Stellen der Insel verkauft, bei Schreibwaren Luttmann auf der Friedrichstraße, die auch eine schöne Auswahl an Postkarten führen, bekommt man das Magazin sogar kostenlos.

Gegründet 1868: das ehemalige Verlagshaus der Norderneyer Badezeitung

Im Sommer 2023 begannen vier junge Norderneyer das Projekt »*Inselkinder – Der Norderney Podcast*«. Hier kommen interessante Insulander und Insulanerinnen in lockeren Gesprächen zu Wort. (insel-kinder.podigee.io)

Lesetipps für Urlauber, die gern Krimis lesen

– »Das Rätsel der Sandbank« (Originaltitel: »The Riddle of the Sands«) ist ein Roman des irischen Schriftstellers Robert Erskine Childers, der 1903 erschien und als einer der ersten Spionageromane gilt.
– »Letztes Bad auf Norderney«: Antje Friedrichs und Antje Telgenbüscher, Prolibris Verlag Rolf Wagner, ISBN 3-935263-17-1
– »Der Brombeerpirat: Ein Inselkrimi«: Sandra Lüpkes, Rowohlt, ISBN 3-499-23926-4
– »Alle Wege führen nach Morden«: Christiane Güth, Ullstein-Verlag, ISBN 978-3-8437-0434-2
– »Submarine Secrets, Abenteuer im Wattenmeer«: Kinder- und Jugendbuch von Ulrike Kortmann, Ferien.ahoi Edition, ISBN 978-39 8126-802-7
– Kein Krimi, eher launige Familiengeschichte, aber die Handlung ist ebenfalls auf Norderney angesiedelt: »Von Erholung war nie die Rede«: Andrea Sawatzki, Piper, ISBN 978-3-492-05672-4

Lesetipps für historisch Interessierte Urlauber

»Norderney entdecken – Das Historische Schaufenster«: Manfred Bätje, Stadtarchiv Norderney, 2. Aufl. 2004
– »Norderney – Seebad mit Tradition«: Manfred Bätje, Ottmar Heinze, Ellert und Richter Verlag, ISBN 3-8319-0147-3
– »Zur Geschichte der Juden auf Norderney«: Ingeborg Pauluhn, Igel Verlag, Oldenburg 2003, ISBN 3-89621-176-5

Auch interessant:

Stadtarchiv
Am Kurplatz 3
✆ (049 32) 84 07 25
Anmeldung erwünscht
Kompetenter Ansprechpartner bei allem, was die Geschichte der Insel betrifft.

Sightseeing, Touren

Stadtführung ➡ aE2/3
Ab Touristeninformation im Conversationshaus, Am Kurplatz 1
✆ (049 32) 89 11 31
Treffpunkt vor dem Conversationshaus
Kompetente Stadtführungen mit historischem und aktuellem Hintergrund bietet die Kurverwaltung an. Herr Schorn führt 2 bis 2,5 Stunden durch die Stadt und erzählt »Dönekens«.

Reisebüro Norderney ➡ aE2
Adolfsreihe 6
✆ (049 32) 868 99 91
www.reisebuero-ney.de
Geführte Radtouren über die Insel.

Bömmelbahn ➡ aE3
Am Golfplatz 1
Abfahrt: Busbahnhof am Rosengarten
✆ (049 32) 99 19 93 oder (0160) 96 00 40 87
90 Minuten inklusive einer halbstündigen Pause dauert die Rundfahrt über die Insel. Ab Rosengarten geht es über Hafen, Leuchtturm und Naturschutzgebiet zum Flugplatz.

Omnibusverkehr Fischer ➡ aE3
Jann-Berghaus-Str. 38
Abfahrt: Busbahnhof am Rosengarten
✆ (049 32) 21 19
Ab Haltestelle Rosengarten werden wöchentlich Inselrundfahrten im komfortablen Bus angeboten. Dauer: eineinhalb Stunden.

Leuchtfeuer Norderney-Hafen

LandTours ➡ aB3/4
Am Januskopf 8
✆ (0172) 206 60 05
www.landtours-norderney.de
Segwaytouren (ca. 3 Std.) kann man u. a. bei LandTours buchen. Die Funktionsweise der Roller wird von einem Tourführer erläutert, dann geht's los. Für größere Gruppen besteht auch die Möglichkeit, Segwaypolo zu spielen.

Schiffstouren ➡ aG6
Ab Fähranleger
✆ (049 32) 913 13 13
Über Cassen-Tours kann man beinahe täglich verschiedene Ausflugsfahrten mit dem Schiff buchen. Darunter ist auch eine Fahrt zu den Seehunden, die ungefähr eineinhalb Stunden

dauert. Außerdem Tagesfahrten zu anderen Ostfriesischen Inseln wie Juist, Baltrum, Langeoog und Spiekeroog. Los geht's am Hafen in der Nähe des Fähranlegers. Dort erhält man auch die Tickets.

6 Wattwanderung
Nationalparkhaus
✆ (049 32) 20 01
www.wattwelten.de
Watt- und Inselführer Eduard Fokken ✆ (049 32) 99 11 55
www.wattwanderung-ney.de
Wie bereits erwähnt, sollte man Wattwanderungen keinesfalls auf eigene Faust unternehmen. Es besteht nicht nur die Gefahr, dass man sich verläuft, sondern unter Umständen sogar akute Lebensgefahr!

Besser man erlebt und erspürt das Watt unter kompetenter Führung. Es ist erstaunlich, was man alles nicht sieht, wenn man sich nicht auskennt. Die geschulten Wattführer öffnen einem den Blick für das quirlige Leben im Watt. Und gleichzeitig spürt man unter den Fußsohlen, dass der Begriff Watt vom altfriesischen »wad« herrührt, was »seicht, untief« bedeutet, denn genauso fühlt es sich an.

Prima Klima! Klimatherapie
➡ aE2
Ab bade:haus norderney
Am Kurplatz 2
✆ (049 32) 89 14 00
www.badehaus-norderney.de
Klimatherapeutische Gänge am Weststrand mit Luft- und Seebädern. Die Teilnehmer erfahren unter sachkundiger Begleitung die praktische Anwendung der Klimatherapie.

Sprachhilfen

Im 13. bis 16. Jahrhundert war **Plattdüütsch** eine wichtige Verkehrssprache. Hochdeutsch kam erst sehr viel später auf, verdrängte dann aber so langsam das Platt. Irgendwann in den 1970er Jahren war es einfach nicht mehr schick, Platt zu schnacken.

Aber heutzutage erlebt Platt zweifellos eine Renaissance. Auf Norderney fand 2012 zum vierten Mal die Plattdeutsche Woche statt. Vom 16. bis 21. September dreht sich alles um's Plattdeutsche. Konzerte, Theaterstücke und sogar Gottesdienste und Stadtführungen werden auf Plattdeutsch angeboten.

Ein einheitliches Sprachbild gibt es im Plattdüütschen nicht. Begriffe fallen teilweise schon von Dorf zu Dorf unterschiedlich aus. So heißt beispielsweise »Schornstein« im Wesergebiet »Schostein«, hingegen im westlichen Niedersachsen »Schosteen«, im südlichen Niedersachsen »Schorstein« oder gar »Schottsteen«.

Etwas vereinfacht kann gesagt werden, dass es in einem großen zentralen Bereich von Schleswig-Holstein, Hamburg und weiten Teilen von Niedersachsen eine Art Verständigungskonsens gibt mit relativ leichten regionalen Abweichungen. An den geografischen Randgebieten fallen die sprachlichen Abweichungen dann deutlicher aus. Das alles aber bezieht sich sowieso nur auf das gesprochene Wort – eine Art plattdeutschen Duden gibt es nicht. Als anerkannte Instanz gilt gemeinhin der »Sass«, ein plattdeutsch-hochdeutsches Wörterbuch. So wie es dort steht, gilt es – im Prinzip jedenfalls.

Und wie war das gleich noch mal mit diesem komischen »Moin moin«? Die meisten Nordlichter grüßen ja derart tatsächlich auch noch kurz vor der Tagesschau. Hier bildet Norderney eine Ausnahme; der Gruß ist auf der Insel nicht üblich. Hier grüßt man von morgens bis abends einfach mit einem freundlichen »He!«. Ganz norddeutsch eben: nicht viele Worte machen.

Verkehrsmittel

Der Öffentliche Personennahverkehr auf Norderney ist den Saisonzeiten entsprechend gut ausgebaut. Die Linien 1 bis 3 bedienen die Routen vom Hafen – die Abfahrtszeiten sind auf den Fährverkehr abgestimmt – in Richtung City und Siedlung Nordhelm und zurück. Die Linien 4 und 8 fahren die Strecke vom Busbahnhof (Jann-Berghaus-Str. 38) zum Inselosten und Retour mit unterschiedlichen Zwischenstopps (FKK-Strand, Oase, Leuchtturm).

Die Linie 7, der Norderney-Card-Bus, ist ein innerstädtischer Ringbus-Verkehr, der mit der NorderneyCard vergünstigt genutzt werden kann (www.norderney.de). Hier wird auch das Deutschlandticket akzeptiert. ■

Sonnenuntergang über dem Wattenmeer Ostfrieslands

Die **fetten** Seitenzahlen verweisen auf ausführliche Erwähnungen, *kursiv* gesetzte Begriffe bzw. Seitenzahlen beziehen sich auf den Service.

Norderney ist ein traumhaftes Revier für Wind- und Kitesurfer

& INFO GUIDES

arte und E-Book inside

NEU 2024

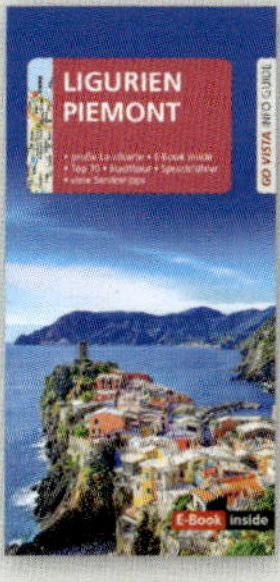

- mit E-Book zum Download
- Top 10
- alle Highlights der Destination
- Vorschläge für eine oder mehrere Stadttouren
- Tipps zu Essen und Trinken, Nightlife, Shopping, Kultur, Sport etc.
- Chronik mit Daten zur Geschichte
- reisepraktische Hinweise
- Sprachführer (in ausgewählten Titeln)
- ausfaltbare Karte
- Format 11 x 21,5 cm
- 96 Seiten

E-Book inside

info@vistapoint.de · www.facebook.de/vistapoint

Andreas Schulz, Köln: S. 3 o. r., 6 o., 9, 13, 14, 17 u., 18, 19 o., 19 u., 20 u., 31 u., 34 o., 34 u., 36 o., 36 u., 40, 41, 42, 44, 45, 47 o., 48, 50, 49, 51, 53, 74, 75, 79, 82
Die Nordsee GmbH, Schortens: S. 86; I. Jahn: S. 77 u.
Fotolia/Anne Katrin Figge: S. 2 o. l., 2 o. r., 12, 71, 73; Annileini: S. 39 o.; ChristArt: S. 62; Emer: S. 67 u. r.; Flexmedia: S. 88; Flying-Tiger: S. 38/39; Foto – Resi: S. 39/2. v. o.; Harald Soehngen: S. 70; Hillforyou: S. 3 u.; Inselney: S. 89; Irina Fischer: S. 59; Makuba: S. 64; Martin BN: S. 3 o. Mitte, 22 u.; Martina Topf: S. 4/5; Merlindo: S. 67 u. l.; Mhp: S. 25 o.; Motivjaegerin1: S. 39/2. v. u.; Naturfoto-Ottmann.de: S. 25 u.; Pixelot: S. 58; Susanne Güttler: S. 72; Tom Thomas: S. 39 u.; Womue: S. 17 o., 27 o.; Zeabi: S. 23 u.
iStockphoto/Jasmin Awad: S. 65; Peter Wollinga: S. 91
KEM: S. 93
Pixelio: S. 67 u. Mitte; Frank Radel: S. 6 u.; Ingo Heemeier: S. 23 o.; Klaus Steves: S. 3 o. l., 37, 83; Rainer Sturm: S. 66; Rolf Handke: S. 67 o.
Shutterstock/brndtung: S. 52
Siegfried Kuttig, Lüneburg: S. 15 o., 80
Silke Klöckner, Köln: S. 21, 31 o., 35, 46, 57, 60 u., 84
Staatsbad Norderney GmbH: Schmutztitel (S. 1), S. 6 Mitte, 7 o., 10, 22 o., 24, 26 u., 28, 54/55, 77 o., 78 o.; Carsten Heidmann: S. 63, 87; Ingo Jahn: S. 54; Nicholas Chibac: S. 68
VISTA POINT Verlag (Archiv), Rheinbreitbach: S. 8, 26 o., 27 u., 29 o., 29 u., 60 o., 61, 76, 81
Wikipedia/Andreas Trepte: S. 25 Mitte; Deutsches Bundesarchiv: S. 78 u.; Elvaube: S. 11; H.-P. Haack: S. 15 u.; Produnis: S. 2 o. Mitte, 16, 32; Pujanak: S. 47 u.; Rabanus Flavus: S. 30; Rogernot: S. 33

Wir danken Herrn Herbert Visser von der Staatsbad Norderney GmbH für seine freundliche Unterstützung.

Schmutztitel (S. 1): Norderneyer Impression
Seite 2/3 (v. l. n. r.): Norderneyer Leuchtturm, Conversationshaus, Café Marienhöhe, Strandkörbe, Seehundbänke vor Norderney, Wattwanderung, Silbermöwe (S. 3 u.)
Seite 6/7: Wattwanderung (S. 6 o.), Priel in den Salzwiesen (S. 6 Mitte), Weiße Düne (S. 6 u.), frühe Badegäste (S. 7)

Die Texte in den Kästen S. 27–29 und S. 69 stammen von Katrin Tams, Potsdam, die Artikel zu Klima, Kleidung, Reisezeit (S. 86 f.) und die Sprachhilfen (S. 90 f.) von Hans-Jürgen Fründt, Elmshorn.

Reihenkonzeption: Andreas Schulz & VISTA POINT-Team
Bildredaktion: Andrea Herfurth-Schindler; Kathrin Fäller
Lektorat: Kathrin Fäller; JB Bild | Text | Satz, Berlin
Layout und Herstellung: Kerstin Hülsebusch-Pfau; Sandra Penno-Vesper, Potsdam
Reproduktionen: Henning Rohm, Köln; Noch & Noch, Datteln
Kartographie: Huber Kartographie GmbH
Gesamtherstellung: VISTA POINT Verlag GmbH, Rheinbreitbach

ISBN 978-3-96141-729-2

An unsere Leserinnen und Leser!
Die Informationen dieses Buches wurden gewissenhaft recherchiert und von der Verlagsredaktion sorgfältig überprüft. Nichtsdestoweniger sind inhaltliche Fehler nicht immer zu vermeiden. Für diese übernimmt der Verlag keine Haftung. Für Ihre Korrekturen und Ergänzungsvorschläge sind wir dankbar.

VISTA POINT Verlag
Rolandsecker Weg 30 · 53619 Rheinbreitbach
Telefon: +49 (0)2224/7795-0 · Fax: +49 (0)2224/7795-100
info@vistapoint.de · www.vistapoint.de · www.facebook.de/vistapoint